幼保一体化の変遷

小田　豊　著

北大路書房

まえがき

本書を上梓しようと考えた動機は二つあります。一つは、「子ども・子育て支援法」の成立（二〇一二年七月）とその法の下で適用される施設・事業の基準や財政支援の算定基準など具体的な制度設計が、現在、政府において「子ども・子育て会議」「子ども・子育て会議基準検討部会」などを通して協議されていますが、それらの議論に対してさまざまな思いがわき上がってきたことです。今ひとつは、大学の研究者として二〇年、教育行政者として二〇年、曲がりなりにも幼児教育の在り方とその向上に携わってきた者として、現在の幼保一体化への反省とその責務を振り返ってみたいとの思いからです。

まず、最初の動機である「子ども・子育て支援法」に関しては、その協議会の末席にいたことで成立に至る過程での反省や思い入れも強いものでした。ですので、決して否定や批判をしようとの考えではなく、今後に向けてより良く実施されることへの願いを込めて思いをあらわしてみました。たしかに、待機児の問題も重要ですが、今、最も大切なことは一人一人の子どもたちに、豊かで自由感あふれる質の高い保育・教育が保障されることでしょう。そのためには、幼稚園、

保育所がお互いにその役割と責務を果たすべく切磋琢磨し、これまでの長い間に積み上げてきた保育・教育の文化と哲学をしっかり受け止め、その歴史的な流れと相違を「子ども・子育て支援法」の実施に活かして欲しいという思いで本書の内容を構成してみました。

その意味で、二つ目の動機を解くためにも、本書の表題を「幼保一体化の変遷」としました。変遷といっても決して教育史・保育史書ではありません。保育・教育に関わって子どもたちの中に起こったさまざまな現象と、保育・教育における行政施策とを重ねながらトピック的に課題として取り上げ、保育・教育の質を止揚する真の幼児教育とはどのようなことを求めていけばよいのかを考えてみました。したがって、年代が行ったり来たり、同じような出来事を重ねて取り上げていますが、どこから読んでも子ども一人ひとりの良さと可能性を追い求めた保育、教育の姿や幼児教育の考えを読み取っていただけるならば嬉しく思います。

本書では、本当の意味での子どもたちの幸せを保障する幼児教育はどのようにあるべきかという問題意識に立ち、構想してみましたが、独断的なところもあり、その構想が実現できるか否かは正直わかりません。しかし、本書が、多くの幼児教育関係者をはじめ、保育・教育に興味をお持ちの方々に読まれ、ここに提起した構想についてさまざまな角度からのご指導、ご指摘をいただければ幸いです。

最後に、出版事情の難しい時期に、こうしたわがままな構想をお許しいただいた北大路書房の

英断とともに、編集部の北川芳美さん、営業部の若森乾也さんに心より感謝申し上げます。また、本書を構想するにあたって、元・日本教育新聞記者小林佳美さん（現・メイト出版）のさまざまなアドバイスが大きかったことを記し、感謝致します。

二〇一四年三月

小田　豊

社会・経済の情勢と教育・保育の動向

	社会・経済の情勢		教育行政の動向		幼保一体化の動き	保育行政の動向
	政治経済情勢	出生率 少子化対策	学校教育全般	幼児教育		幼児教育
昭和22年	戦後の混乱期	・第１次ベビーブーム	・「教育基本法」公布 ・「学校教育法」公布 ・「学習指導要領（試案）」刊行			・「児童福祉法」公布
昭和23年				・「保育要領」発行		・「児童福祉施設最低基準」施行
昭和25年						・「保育所運営要領」発刊
昭和27年				・「幼稚園基準」通達		
昭和31年	高度 経済成長期			・「幼稚園教育要領」刊行 ・「幼稚園設置基準」制定		
昭和32年			スプートニク・ショック			
昭和33年			・「学習指導要領」改訂告示			
昭和38年					・文部・厚生両局長「幼稚園と保育所の関係について」通達	
昭和39年				・「幼稚園教育要領」改訂告示（第１次改訂）		
昭和40年						・「保育所保育指針」刊行
昭和43年			・「学習指導要領」改訂告示			
昭和48年	安定 経済成長期	・第２次ベビーブーム				
昭和52年			・「学習指導要領」改訂告示		・文部・厚生両省による幼・保懇談会発足	
昭和59年			・臨時教育審議会発足			
昭和61年		・「男女雇用機会均等法」施行				
平成元年	バブル経済期	・合計特殊出生率1.57（1.57ショック）	・「学習指導要領」改訂告示	・「幼稚園教育要領」改訂告示（第２次改訂）		
平成２年						・「保育所保育指針」改訂通知（第１次改訂）
平成４年			・文部科学省「学校五日制の実施について」通知			
平成６年		・「エンゼルプラン」策定				

社会・経済の情勢と教育・保育の動向

平成９年	失われた20年			・「預かり保育推進事業実施要項」策定		
平成10年			・「学習指導要領」改訂告示	・「幼稚園教育要領」改訂告示（第３次改訂）	・文部省・厚労省「幼稚園と保育所の施設の共有化等に関する指針について」共同通知	
平成11年		・「新エンゼルプラン」策定				・「保育所保育指針」改訂通知（第２次改訂）
平成14年		・厚生労働省「少子化対策プラスワン」発表	・完全学校週五日制の実施 ・「心のノート」配布			
平成15年		・「次世代育成支援対策推進法」制定 ・「少子化社会対策基本法」制定	・OECD「スターティング・ストロング」提言	・中央教育審議会に幼児教育部会が発足	・平成15年６月閣議決定「経済財政運営と構造改革に関する基本方針2003」	
平成16年		・「子ども・子育て応援プラン」策定			・文部科学省・厚生労働省合同検討会議「就学前の教育・保育を一体化として捉えた一貫した総合施設について」（審議のまとめ）公表	
平成17年		・最低の合計特殊出生率1.26		・中央教育審議会「子どもを取り巻く環境の変化を踏まえた今後の幼児教育の在り方について」答申		
平成18年			・「教育基本法」全面改正			・「就学前の子どもに関する教育、保育等の総合的な提供の推進に関する法律」制定
平成19年			・「学校教育法」の改正			
平成20年			・「学習指導要領」改訂告示	・「幼稚園教育要領」改訂告示（第４次改訂）		・「保育所保育指針」改訂告示（第３次改訂）
平成21年	民主党などに政権交代					
平成22年					・「子ども・子育てビジョン」策定	
平成23年		・出生数（過去最低）1,050,806人			・「子ども・子育て新システムに関する中間とりまとめについて」公表	・「児童福祉施設の設備及び運営の基準」の施行
平成24年	自公連立に政権交代				・「子ども・子育て関連三法」の成立・公布	
平成25年					・「子ども・子育て支援法に基づく基本指針」告示予定 ・「幼保連携型認定こども園保育要領（仮称）」告示予定	

幼保一体化の変遷／目次

目　次

第1章

幼児教育と幼稚園教育

1　複線型の日本の幼児教育

第三の幼児教育施設

今、日本の幼児教育の世界で、幼稚園と保育所を一体化しようという動きがかつてないほどに活発化しています。平成二四年に成立した子ども・子育て関連三法[1]は、認定こども園を増やしていくことを一つの目的に、二七年をめどに本格施行するための準備が着々と進んでいます。しかし幼稚園と保育所を一体化しようという問題は、急に浮上した話ではありません。そもそも認定こども園の前身である「総合施設」といわれるものをモデルケースで始動したのは、平成一七年のことでした。戦後長い間、幼稚園と保育所が別々にいわば複線型で成り立ってきた日本で、なぜそういうものが必要とされたのでしょうか。

総合施設というのは、幼稚園でもない、保育所でもない、第三の幼児教育施設として誕生しました。幼稚園、保育所のそれぞれのメリットを生かした、新たな幼児教育施設をつくることによって、保護者の選択する幅を広げていこうと、一五年十月に閣議決定されたものです[2]。この背景には次のようなことがあります。

今、世界の先進国のほとんどが少子化に向かっていっているわけです。一方で、世界全体で心

が枯渇しているともいえるわけで、相変わらず戦争や人と人との戦いがおさまらない。同時に、世界が豊かになっていくためには基本的なエネルギーが必要ですが、現実問題として、祖先が残してくれた石油をはじめとした化石燃料がもう底をつく状況の中で、新たな暮らしを模索しなければならない状況にあります。

こうした世界情勢の中で、優秀な子どもたちの存在は誰もが望んでいることです。地球全体を包む環境から考えてみて、大きな意味でいえば世界の将来を保つためのエネルギー源が枯渇していっている。そこで新たなものを産出しなければならないとすれば、そういうものを生み出していくだけの人間の知恵が必要だからです。そしてもう一点は、世界が平和になるためです。

この二つのことがあって、人間一人ひとりが幸せになっていくためには、科学なりなんなりによって、将来をしっかり見据えられるような知恵を身につけた、人格豊かな子どもたちが望まれているという世界的な共通認識が出てきました。そんな折に、ＯＥＣＤが、そうした子どもたちを育てるための基盤になるのが就学前教育ではないか、幼児期の教育こそ世界中でしっかりすべきではないか、ということを提言(3)しました。

単線型と複線型

こうした提言もあって、就学前教育をどう充実させていくのかというときに、日本では、幼稚

園と保育所という二元化政策をとっている問題にぶつかります。いずれも機能的には必要なものだけど、幼稚園を卒園しようが、保育所を修了しようが、六歳になるとすべての子どもたちが義務教育として小学校に上がるという形になっています。実は、世界の多くの国々では、基本的に一元化政策をとっているのです。保育所を終えた後に幼稚園へ行き、小学校に上がるという単線型なのです。

しかし日本は戦後、多くの戦災孤児がいたことなどから、昭和二〇年の敗戦と共に複線型にしてしまった。日本では戦後、学校教育法と児童福祉法という別々の法律を根拠とした二つの施設が誕生しました。三歳から五歳までの子どもたちが、片方では学校教育法の枠組みの中に存在する幼稚園、他方は児童福祉法の下にある保育所に通うようになったわけです。

というのも、戦前までの日本では、小学校に上がるまでに幼稚園か保育所のどちらかに行くという習慣はあまりありませんでした。幼児期の教育はどちらかというと家庭教育が中心だったのです。しかし戦後、親を失った子どもたちのための福祉施策が必要になったことから保育所ができ、日本の幼児教育が二つに分かれていきました。複線型にしてしまったときに、学校教育法と児童福祉法という別々の法律を根拠とした二つの施設が誕生したのです。

ところが世界の趨勢《すうせい》としては、就学前教育は五歳までとしたうえで、乳児期と幼児期は教育を分けて考えます。共働き家庭の幼児は午前中には福祉施設に通い、午後からは別のケアを専門と

する施設に行くような単線型のシステムでした。もしくはベビーシッターを雇うなりして、各個人が責任をもって単線型の就学前教育をやってきたのです。

それに対して日本は長い間複線型でやってきました。その決定の時に甘さがあったと思うのですが、戦後日本の幼児教育の基礎を築いた二人、倉橋惣三先生と坂元彦太郎先生の会話を記録したテープの中に、「日本は家庭で子どもを育てることが多いので、幼稚園、保育所が分かれていても、そんなに問題はないだろう。たぶんそんなにたくさんの子どもが施設を利用することはないから」といった会話が残っていたのです。失礼な言い方ですが、やや楽天的とも言える考え方で出発したのではないかと推測できます。

日本はみんなで同じような方向に歩いていく傾向のある国ですが、どういうわけか幼児期の教育にかかわっては複線型になってしまいました。その結果が、今もって解決されない形になっています。

保育所は福祉、幼稚園は教育と分けられない

その後日本は徐々に経済復興をして、先進国の仲間入りを果たしました。豊かな国になり、成熟社会を迎えて女性の社会進出が進むにつれて、夫婦共に働く家庭が増えました。それらの家庭の子どもたちの就学前教育をどうしていくのかということに対しては、複線型が残っている以上、

当然保育所の方で引き受けることになります。こうして保育所は福祉という最初のスタートとは違った意味で、社会を支えていく存在となっていきました。その一方で、三歳までは家庭で子どもを育てたいと考える人たちは、幼稚園を利用するというように、自然な流れの中で住み分けができていったのです。

保育所は福祉的な要素を含む施設からの出発であったため、当初は、子どもをどう育てていくのかという明確なカリキュラムがありませんでした。一方の幼稚園は学校教育の枠内にあり、保育所は児童福祉法の下にあるということが、この二つの大きな違いです。日本には、学校に対する信仰みたいなものがあるので、共働き家庭の親は保育所を利用しつつもわが子がどう育っていくのかという不安感があったといえます。とはいえ、幼稚園にも専業主婦家庭の子どもだけでなく、さまざまな親子が入園してきます。幼稚園は教育、保育所は福祉といった、いわゆる役割機能で分担しているように見えていたけれど、両方の機能が複雑にからみ合い、今もって解決されていないわけです。

このとき、分かれてしまった幼稚園と保育所の一元化議論は、「就学前教育をしっかりしなければいけない」ということが引き金になって、この何十年間も盛んにいわれ続けてきました。しかし、やはり省庁が違う、法律も違うということでなかなか一つにできませんでした。それは日本の特徴かもしれませんが、いったんできたものを変えることが嫌いな国だということもあり、

非常に難しいのです。これは後に述べる「学力低下の問題」への対応についてもそうですが、何かを変えることに対する抵抗感が大きな障壁になっています。

2　戦後の混乱から生まれた「複線化」

「保育要領」の刊行

幼児期の教育をどうしていくのかということで、幼稚園教育と保育所保育という形の二本線を組み立てたときに、当時の幼児教育制度を築いてきた人たちは、これらどちらかの施設に日本中の子どもたちが通うことになることなど考えていませんでした。多くが家庭で教育されるであろうと考えるのが、当時の現実から考えて普通のことだったからです。

戦争が終わった後に孤児やいろいろな形の生活不安があったという点で、どうしても福祉的な機能をもった保育所が必要でした。また、明治以来、伝統的に続けてきた幼稚園も存続させなければならないということもありましたが、学校教育法ができた当時（昭和二二年）は基本的に家庭教育が主流でした。ほとんどの子どもたちが家庭にいて、保育所や幼稚園にはわずかな子が行くということでした。

そうした背景から最初にできた就学前教育のガイドラインが、現在の幼稚園教育要領の礎になる「保育要領(4)」です。昭和二三年三月のことでした。「保育要領」は刊行の際に、保育所、幼稚園、そして家庭という三者が子育ての手引き書として使ってほしいという解説をしていましたから、今の教育要領とはずいぶん違った趣きの内容です。

しかし、坂元彦太郎先生も倉橋惣三先生も現在のような事態をまったく予測しなかったわけではないようです。今日の時代的な要素は確かに予測されていて、これは坂元先生の御自宅に伺ったときに直接聞いた話ですが、「倉橋先生と話をしたときに、複線化がいつかは単線化というか、一つの方向にならざるを得ない時期が来るであろう。五歳児が幼稚園に五〇%、保育所に五〇%という世界ができあがり、就学前といわれる六歳になるまでの子どもが互いに五対五になっていったとしたら、当然もう一度、幼児期の制度は考え直していかなければならない時代が来るであろう」と話し合っていたのだとおっしゃっていました。これは昭和二四年の頃だったようです。坂元先生は、「倉橋先生も笑いながら、日本はまあ百年ぐらい先にそうなるのではないかとおっしゃっていたよ」と話してくださいました。それが百年先の話ではなく、これほど急速に日本が豊かになっていき、男女参画型の社会ができあがるなどということを、当時は予想もつかなかったのだと思います。

高度経済成長の中の幼稚園と保育所

複線という中で出発して、幼稚園教育と保育所保育と家庭という三つが緩やかに進んでいくであろうと思っていたのが、日本の戦後は予測できないほど一気に復興してきました。そして「ポストの数ほど幼稚園と保育所を」という時代に突入していきます。

昭和四〇年代後半から六〇年代前半にかけて、いわゆる高度経済成長期といわれる時代に、実際に保育所で働く保母、幼稚園で働く教諭がなかなか見つからなかったようでずいぶん苦労したという話が残っています。あちこちから探してこなければならない状況で、大学で養成するだけでは間に合わず、急遽、短大を開設し養成校も増えていきましたが、当時は保母も教愉も足りなかったことは現在の状況に似ていて興味深いものがあります。幼稚園教諭の場合は、学校教育法の下にあったために教員免許が必須という枠組みがあり、文部省も必死になって養成をしていくという状況でした。

保育所は、教諭免許と同じようにとはあまり深く考えていなかったのか、急速に増えていくことに対処するために、高等学校を卒業すると試験によって保母資格を取ることができるという形でしのいでいきました。地方自治体によっては、独自に県立短大などに保母資格を取得できるコースをつくり、高等学校にも保育科を置いた時代でした。

このように、幼児期の教育を誰が責任をもってやっていくのかもはっきりしないという中で、

実態の方が先行していきます。高度経済成長期になってくると、親も経済的なゆとりができ、子どもに教育を授けたいと思いますから、家庭だけで育てるよりはなるべく保育所もしくは幼稚園に行かせたいという願望がどんどん増えていきます。そこで、厚生省では当時の「保母資格」を各都道府県の認定試験に任せていくということを長い間続けてきましたが、平成十五年に国家資格となり、「保母」も「保育士」と名称を変え、大学でも取得できる方向へと切り替えられました。

「教育」と「保育」

幼稚園と保育所が複線化した形の中では、どちらに入れたらいいかと悩む保護者も出てきます。片方は「教諭」「教育」と言われ、一方は「保母」「保育」と呼んでいました。そして、幼稚園は教諭というきちんとした免許制度がありましたが、当時は、保母資格は国家資格ではなかったわけです。保護者も、どちらがどちらだろうか、と迷いながら選んでいく時代が続きます。

昭和二二年に学校教育法、昭和二三年に児童福祉法ができて、保育所・幼稚園の複線型ができた後、しばらくは幼児の教育も家庭で行われていました。しかし二五年の朝鮮戦争あたりから経済成長と共に、親たちの教育熱も加わって幼稚園が充実していきました。同時に共働き家庭が増えていったことにより、保育所も充実していきます。三五、六年になる頃には家庭にいるよりも保育所や幼稚園に行く子どもたちの数が徐々に増えていきます。その頃から、世間一般の人た

ちからもどちらに行ったらいいのだ、どちらに行くことが正しいのだという議論にもなりました。しかし、子どもが非常に多い時代でしたから、幼と保で取り合いになることはありませんでしたが、保護者には悩ましい問題となりました。

そこで結局、昭和三八年、当時の文部省、厚生省の両局長が通達（「幼稚園と保育所の関係について」）を出します。「保育所の教育部分については幼稚園教育要領に準じてください」という具合です。それが現在も生きており、「準じているのだから教育として同じことをやっているのだ！」という言い方です。

幼稚園と保育所という複線型を続けながら、選択を保護者に任せているのです。保護者はそれぞれ、「自分たちの選択こそ正しい」といいたいし、働いている教諭や保育者たちの間でも「私たちの方が教育的だ」「いや、私たちは〇歳児からみているのだから、発達をよく踏まえている」というういい方をします。しかし、小学校以降の育ちの中で、どちらが優秀でどちらがそうでないかとは証明ができませんし、甲乙をつけるべきものではないと思います。

そこで昭和三八年に、保育や幼稚園教育を担当している当時の文部省、厚生省の両局長が会って協議を行い、連名による通達「幼稚園と保育所との関係について」を出さざるを得なかったのです。これは、いわゆる「玉虫色の通達」と言われていますが、教育に関する機能については、「保育所と幼稚園には変わりがない。保育所は共働き家庭のための集団教育施設であると同時に、保

護者の委託を受けて保育・教育をしていく場所であるし、幼稚園は家庭と共に子どもを育てていくという場である」としました。片方は保護者の委託を受けて保育・教育をする施設。もう一方は、保護者と一緒に教育をする施設であるとしたのです。

幼稚園教育の進展

幼児への教育熱と共に、たくさんの子どもが幼稚園や保育所に行くようになり、どんな場所に住んでいても平等な教育が受けられるようにするべきではないかという議論が高まりました。そして、小学校以上の教育と同じように学習指導要領のようなものをつくるべきだということになり、昭和三一年に試行的に、最初の「幼稚園教育要領」を出します。こういう内容でいいでしょうか？　という試みでつくったものでした。

幼稚園も保育所も行っていることの内容は同じに近いということで、「保育要領」として昭和二三年から長く使っていたものを、小学校の学習指導要領と同じような形で三一年に切り替えていきました。そして、三九年の改訂の際にはそれが正式なものになり、「幼稚園教育要領」は、国としての告示行為になったのです。つまり法的な位置づけができ、当時は一年保育でしたから、全国のどこに住んでいたとしても、五歳の子どもたちは、同じような教育内容で平均的なレベルの教育を受けられるという形が整ったわけです。そのことが余計に、保育所の教育はどうなるの

だ、という議論に拍車をかけました。そこで翌四〇年には教育要領に準ずる形の「保育所保育指針」ができあがりました。それは、文科省、厚労省からのあの玉虫色の通達の流れを受け、すなわち「教育の内容は同じですよ」と大義名分を掲げつつ、形の上では複線化したまま残っていきました。その後、社会が豊かになっていくと共に、幼稚園の教育は五歳、四歳、三歳と一年ずつ繰り下げて三年間の幼児教育として完成していきました。長い時間をかけながら社会情勢や子どもの発達状況に合わせながら積み上げ創り上げられたのです。

3　幼稚園と保育所のせめぎ合い

幼稚園と保育所の機能の分化

保育所保育、幼稚園教育はそれぞれ準じるという形の中で、よくいえば切磋琢磨しましたが、水面下で綱引きをしつつ、互いによく見えない中で保育・教育してきたといえると思います。当時は世間一般的にみても、保育所だろうが、幼稚園だろうが、どちらに行っても大きな問題とはなりませんでしたし、結局、「本当の教育は小学校に行ってから始めるのだ」という意識が多くの人たちの間にあったからかもしれません。

ただ、四、五〇年代の第二次ベビーブームあたりに差しかかると、就学前の年齢層では、幼稚園がたくさんの子どもたちを抱え込むようになっていくわけです。三、四歳で保育所を利用していた家庭でも、最後の一年間は幼稚園に行かなければ、小学校の勉強についていけないのではないかという気持ちになって、転園させるという現象が起きてきたからです。幼稚園は学校のすぐそばに建てられたケースが割りと多いということも一因でした。典型的な例が、当時アメリカの影響を強く受けていた沖縄では小学校の中に幼稚園の一年保育を行う形式をとり、すべての子どもが年長になるとそこに通うのが一般的でした。

こうした状況がしばらく続くのですが、保育所の保護者の方々も、よく考えてみると同じ保育・教育をしているなら、別に最後の一年間だけ幼稚園に行ったりするということではなくて、保育所にずっと残っていても教育が同じならいいのではないかという考え方をするようになります。先にも述べましたが、幼稚園の方は「いやいや、三年間の〝教育〟をきちっとしたほうがいいのですよ」というういい方をするし、保育所の方は「〇歳から発達を見通した保育所保育の方がよりよく教育ができるのですよ」という。こんな宣伝合戦になってしまった時代背景は、徐々に子どもの数が減り少子化の足音がヒタヒタと感じられる時代へ突入していったからでした。

重層化し輻輳化する幼稚園と保育所の機能

高度経済成長が減速した頃のことでした。一方で、男女共同参画、女性の社会進出はどんどん進み、生まれる子どもの数は年々少なくなっていきました。

すでに、保育所保育と幼稚園教育は機能で住み分けが進んでいましたが、地域によっては片方しかないところもありました。スタート時に「一小学校区に一幼稚園、一保育所」という理想を持って計画的に配置をすればよかったと思うのですが、そこまできっちりと考えてつくったわけではないような気もするのです。

昭和三八年の「玉虫色の通達」の後も、適材適所に必要な施設ができていくというより、とにかく子どもたちを預ける場所がないから、どちらでもいいからつくっていこうという雰囲気で、公立だけでは手が回らず、多くを学校法人や社会福祉法人といった私立にも委託してきました。

幼児期の教育は義務教育でないために、さまざまな人たちが自分たちの理念をもって創設したのかもしれませんが、地域のニーズとのマッチングがきちんと行われないことも多く、保育所が少なくて幼稚園の多い都道府県・市町村があったり、その逆であったりと、非常に偏在化していきました。それが現在も解決しないまま、禍根を残していることは事実だと思います。

機能で分けるのであれば、幼稚園は三歳以上の誰でも入ることができる学校で、保育所は児童福祉法第三十九条で規定されているように、「保育に欠ける(5)」子どもたちのための養護・教育施

設です。つまり、保育所は保護者が病気等で子どもの養育が困難だったり、共働きで昼間は子どもと一緒に過ごすことができないという家庭から委託を受けて、子どもたちの養護を中心とした集団教育施設です。しかし、地域の実態によって保育所だけのところがあったり、幼稚園だけのところがあったりしていることも現実です。保育所がない地域では、共働き家庭の保護者も工夫しながら幼稚園を利用し、逆であれば、専業主婦家庭の子どもも保育所に入るという、輻輳化し、重層化した形が現在に至るまで現実のものとなっています。

幼児教育がこれほど雑多な形になってしまったのは、まず、義務教育ではなかったという点と、本項の冒頭でも述べましたように、経済成長と男女共同参画がこれほどまでに急速に進むことを予測できなかったことが原因だと考えられます。もっと早くに、文部省の幼稚園教育、そして厚生省の保育所保育に携わる人々が、きちんとした方向性を打ち出すことを考えてこなかったことが子どもに一番迷惑をかけているなと、自戒も込めて思っているのです。

基本的な相違点

基本的には保育所に行こうが、幼稚園だろうがどちらもきちんと育っていると思いたいのですが、偏在していることや、保育者養成の形態が違っていることなどもあり、なかなか理解されがたいことが多くあります。同じだと言う人がいても、まず設置基準が違います。単純なことです

が、保育所には給食をつくる設備が存在しなければならず、幼稚園は園庭が必要です。職員室とか保健室の置き方も違います。

実際、公的な財政支援の仕組みも違います。保育所には福祉的な要素が重要なので、公立であれ、私立であっても、ほぼ国からの交付金で賄われます。一方の幼稚園は設置の認可権が都道府県に存在していますから、それぞれの地方公共団体の財政上の豊かさにより、補助金もさまざまです。ですから保育所は、国からの財政支援がある程度一本化されているので、家庭の所得に応じて一律的な要素がありますが、幼稚園は公立、私立の違いの他にも、建学の精神により実に多様な保育料設定がなされています。結果として、保護者の年齢層は義務教育の子どもをもつ親の年齢層よりも若いにもかかわらず、負担額には大きな差が生じることになっているのです。

一致への努力

そういう形の中で多少なりとも一致へ向かう努力をしようと、国は、私立幼稚園に就園奨励費という形で補助金を流すようにしてきました。公立に行っている人たちは都道府県が補助を行うだろうから、特に私立への対応を手厚くしていきます。そうすることで、子どもたちにお金の苦労をかけないようにと文部省はいいます。けれども、文部省は行政指導といって主に指導に重点を置く省庁であるため予算額が少ない。保育所を管轄する厚生省との微妙な違いは福祉という名

の補助行政を柱としているというところにもありました。つまり、文部省としては、教育としての手立てで子どもを平等に扱いますが、厚生省は福祉を必要とする人たちに、一律にお金が流れていくような形で平等を追求してきたという違いです。その矛盾が長い間続いてきました。

子どもがたくさんいた時代は、その矛盾があってもあまり問題になりませんでした。幼稚園を選ぶ家庭であっても、祖父母に送り迎えをしてもらったり、家庭教師をつけたりするなど工夫しながらやっていました。背景的にはたくさんの矛盾をはらみながらも、保護者の努力で問題があまり表面化しない時代が長く続いたのです。

幼保一元化への試み

しかし、実際に保育所保育や幼稚園教育に携わっている専門家の間では、ずっと長い間の重い課題でした。このような課題に対して幼保一元化を目指して、かなり早い段階から自園を「幼児園」という名前に変えたところもあります。兵庫県の私立北須磨子ども園や、神戸市立多聞台保育所は幼稚園と一体の施設をつくって先導的に取り組んできました。子どもが朝、登園してきて、昼になると家に帰る子と、さらに保育が必要な子どもを同一の施設内で育てていこうとする試みです。

しかし、いずれも成功したとはいえないのが現状ではないかと思います。北須磨子ども園は現

在も継続していますから一概に失敗ともいいきれないのかも知れません。一方、公立の多聞台では保育所のすぐ隣に幼稚園を建てて、午前中は全員がそちらで過ごすことにしました。そして午後は家庭に帰る子どももいれば、保育所の方に移動して過ごす子どもも、という形で一日をデザインしてきました。そこで、当時の保母さんと幼稚園の教諭との間に対立が生まれ、「同じように働いているのに、なぜ幼稚園の先生だけが午前中の活発な時間の教育に携わることができるのですか。なぜ私たちに午後だけを担当させるのか」という声が出てきたりもしたようです。

現場レベルの試行が続く中、法律的には平成一〇年まで何も動かないままでした。昭和三八年の通達以来、何度かは保育所も幼稚園もいずれも必要な施設であるとか、お互いの機能をしっかりわきまえて運営する必要があるという勧告がいくつか出たのですが、具体的に一元化・一体化しようということではなく、保護者に対して、「どちらに行っても育ちますから、安心してくださいね」と強調していただけに感じました。

国はいろいろな勧告をしつつ、「こういう形にしたら矛盾がないですよ」という理想論や、さまざまな研究会を設けて報告書もまとめてきましたが、各地域の実態が多様な中でなかなかうまくかみ合わないままで過ぎていったわけです。

4　少子化時代、始まる

年間出生数が半分に激減

複線化が続く中でいろいろ矛盾が出てきますが、その最大のものが圧倒的な少子化です。ピーク時の昭和二四年には、年間二七〇万人近くあった出生数が、平成二〇年には一一〇万人を切るようになっていきます。

子どもが非常に多い時代には施設を大きくした幼稚園が、子どもの数が少なくなっていくと定員を保てなくなり、近隣の園同士が園児の獲得合戦の様相を呈してきます。また、少子化になれば、一人ひとりの子どもにとっては公費が豊かに注がれるようになるはずだという期待と矛盾するように、子どもたちがうまく育たなくなるという社会の異変が露呈してくるのです。きょうだいが少なくなればなるほど、それぞれの子どもに親の過度な注目が集まるという弊害もあります。

子育て不安の増大

高度成長を果たした日本は経済の豊かさと引き換えに、都市化・核家族化によって、伝統的な子育ての技術が継承されていかないという弊害が出てきました。すると、保護者の子育て不安は

ますます大きくなります。その結果、少子化による子育て不安の増大と相まって、「こちらの方がよく育ちますよ」と銘打って、水面下での保育所と幼稚園の引き合い合戦が激化してしまったというわけです。こうなると本当の意味でそれぞれの機能を生かしていないものになっていきます。

同時に、ますます男女共同参画が進み、両親共に働きながら、子どもを育てていきたいという家庭が増えてきたことも事実としてあります。二〇〇三年当時、保育所に通う五歳児は四〇〜四三％くらいでした。一方、幼稚園に通う子どもたちは五〇〜五五％近くなってきていました。倉橋惣三先生や坂元彦太郎先生が「１００年後」と考えていた五〇対五〇にほぼ等しくなっていたわけです。

預かり保育の導入

こうした状況が続いてくると、幼稚園が四時間を原則とした教育課程、保育所が八時間を原則とした保育課程というものを、どちらも保つことができなくなっていきます。保護者の働き方が多種多様になっていき、長時間預かってほしいという要望に応えていくうちに、保育所は八時間どころか、早朝から深夜まで開所しなければならなくなっていきます。幼稚園も今までは四時間を原則としながら、少しずつ長めの保育時間をとっていきました。

思い出しますと、平成六年に大学教員から文部省の幼稚園課教科調査官として配置換えしますが、この年に幼稚園課では、幼稚園教育は四時間を基本とし、教育課程外の預かり保育に対しては否定的でした。それは幼稚園教育の持っている本来の機能を壊してしまうため、できるだけ預かり保育は行わない方向で指導するという方針だったのです。

そこで、その年の五月に全国の幼稚園の指導主事を集めた会議で、「私立幼稚園は水面下で、預かり保育をかなりやっているようだけど、それについては注意してほしい。本来の幼稚園教育を壊すことにつながっていく。子どもたちに迷惑がかかるので、やめるように！」というようなことを語りかけました。公立幼稚園ではほとんど、その当時は預かり保育は行われていませんでした。指導主事は公立幼稚園を指導することが多いのですが、私立園に対してもできるだけそのように指導をしてほしい、とお願いしたのです。

ところが、翌年の指導主事会議では何といったか。「皆さん、現代の状況の中で、幼稚園が預かり保育をしないということでは、社会のニーズに応えているといえるでしょうか。保護者がこうして欲しいということに保育所は柔軟に対応しているのに対して、幼稚園は相変わらず四時間を原則とすることだけにとらわれています。四時間をきっちりと行うことだけでなく家庭教育をどうサポートするかということも考えてみてください。確かに保育所保育のように親からの委託を受けて家庭教育までも担うというのは行き過ぎだと思いますが、家庭教育が非常に不安定にな

っています。子どもたちが少なくなると共に伝統的な子育ての技術やコツが継承されず、不安感を持っている母親が増えています。共働き家庭でも幼稚園を選びたいという人たちに門戸を開かないというのもおかしいではありませんか。幼稚園は誰でも受け入れる場所であるとすれば、そのようなことも考えなければなりません」と。なんかへ理屈だなあ、と思いながら、そのような変な指導を行ったことを思い出します。

子どもと二人で向き合ってアパートの一室で一日中過ごす母親は、ご主人が夜遅くに帰宅するまでの密室状態の中での子育てが大きな問題になっていました。そういう人たちのためにも、子育て支援を充実していくことが大事ではないかという点で、預かり保育を始めてもよいとしたのです。

しかし、この一年の間に文部省内が非常に揺れ動いたのも事実です。一年前には「そういうことをしたら幼稚園教育が基本的に壊れます」といったにもかかわらず、次の年には「みんな始めましょう」と言う。それは社会的な変化と共に、多様な社会改革が押し寄せてきたという背景も大きかったのです[6]。

ニーズと教育

私は保育所を批判するつもりはまったくありませんが、福祉行政と教育とは似て非なるものだ

と思います。福祉は、ニーズがあればそれに応えていくという考え方です。しかし、教育というのは、ニーズがあってもそれに抗うことも必要だという考え方をとるときが、往々にしてあります。

両者の機能の相違がある中で、保育所保育と幼稚園教育を一緒にしていくというのは至難のわざだなと思いながら、今日までできているわけです。本当の意味で子どもの側に立とうとして、私は幼児教育に携わり、子どもがスクスクと育ってほしいという願いで子どもにかかわる勉強を続けてきました。そのために指導行政にも携わってきたわけです。しかしながら、保護者等が願うすべてのニーズに応えていくことが正しいことだとは思えないのです。

文部省は平成七年頃に預かり保育を「始めていいよ」と恐る恐る言いました。が、幼稚園教育要領という法的なしばりがありますから、そこにきちんと位置づけない限りは指導できないと考えるのです。そこで、翌年から三年間、預かり保育の研究を始めました。幼稚園の教育課程が終わった後に、預かり保育のカリキュラムを組み立てて、教育課程外の教育として成立するかどうかということを試みるモデル事業です。それをふまえて、平成九年には「預かり保育推進事業実施要項」を策定したり、一〇年の幼稚園教育要領に、四時間の教育課程を超えて預かり保育という教育もできますよと、小・中学校や高校で放課後に行っているクラブ活動のようなものと同じと考え、矛盾なくできるように位置づけました。法律的にも整備したわけです。文部行政の枠内にある幼稚園教育については、見ていて歯がゆくなるぐらい慎重に事を運ぶのです。

それに対して、保育所保育は福祉というかかわりの中で、ニーズがあれば一時保育や病児・病後児保育、夜十時どころか深夜という長時間保育まで拡大していきました。確かにそのことが必要な保護者にとってはよいことだし、一部の家庭にとっては子育ての豊かさにはなるでしょう。けれども、本当に子どもにとっての豊かさにつながることなのか、家庭教育というものはそう考えていいのか、それとも、私の考えている子育て教育論が硬直しているのか。今も、心の中で大きな矛盾を抱えています。

幼保一体化施設の誕生

しかし、何とかしなければならないということで、平成七年から文部省と厚生省の間で非公式に話し合いを続けてきました。保育所と幼稚園は別々であり、当時は合同の保育をしてはならないということもあるけれど、小さな町や、逆に大都会では子どもがどんどん減っていく状況がありました。幼稚園だけでなく、保育所も定員に満たないようなところが出てきていました。

幼児期の教育はもちろん一人ひとりが大事です。しかし、教育の意義とは、集団のもっているよさによるところも大きいのです。昔の集団教育ではありません。一斉にまとまって何かをするということではなくて、人と人が交わって、人間関係としてさまざまな経験をしながらお互いの存在を学んでいく、それができるのが教育の一つの大きなメカニズムであり、よさだと思います。

保育所保育と幼稚園教育は、その発祥も、法的にも別だから両施設が合同もしくは協力して一緒に保育することなど考えられないという枠組みの中で話し合いを進めてきたわけですが、両方ともに極端にいえば一人ずつしかいなくなっていったときに、一人よりは二人で育てたほうがよりよいではないかという考え方もあり得ると話し合いもしました。そこで思い切って、幼・保で話し合い、事情によっては一体化施設としてもいいですよという方向へとシフトしていく考えも出てき始めました。

その背景には厳しい少子化があり、幼・保の共通課題として、子どもたちがうまく育っていないという異変が起きている状況もありました。保護者だけではうまく育てられない影響が子どもたちに降りかかっていました。その意味では逆に保護者を巻き込んで、共に育てないと子どもも育たない。子どもを育てたいと思ったら親も育たなければならない状況が否応なく起きてきたわけです。

そうすると一体化施設の役割として、保育所も幼稚園も親と共に育てていくという二面性だけでなく、子育て支援ということも明確にならなければいけない時代へとならざるを得なかったのでした。

少子化の高度経済成長した成熟社会がもたらした、新たな考え方だと思います。子どもも親も互いに不安に陥っている社会の中で、新たな第一歩を踏み出す新しい施設として、親と子が共に

育つ場としての幼児教育施設であることを打ち出そうと考えました。第三次幼稚園振興計画（平成三年）を受けた幼児教育振興プログラム（平成一三年）が発表され、その中に「親と子が共に育つ場としての幼稚園」を打ち出し、そこにきちんと預かり保育も入れて、夏休みなど長期休暇の期間中にもそういう場を提供できるように発展していきます。

その他、保育園が在宅で育児する家庭に対しても相談活動を行っているように、幼稚園でも地域の子育てセンターとして、相談や子育て講座などの新事業をはじめ、未就園の親子への園庭開放なども行うように付加的な機能をつけていきました。

【注】

（1）子ども・子育て支援法（平成二四年法律第六五号）、就学前の子どもに関する教育、保育等の総合的な提供の推進に関する法律の一部を改正する法律（平成二四年法律第六六号）、子ども・子育て支援法及び就学前の子どもに関する教育、保育等の総合的な提供の推進に関する法律の一部を改正する法律の施行に伴う関係法律の整備等に関する法律（平成二四年法律第六七号）の三つの法律を指す。

（2）幼稚園が園児不足となる一方で、保育所が定員超過で入所できない待機児童問題を解決しようと発足したのが、幼稚園と保育所を一元化した「総合施設」であった。「経済財政運営と構造改革に関する基本方針二〇〇三」の平成一五年六月の閣議決定後、厚生労働省と文部科学省の合同会議が検討を進め、一七年から全国で三〇カ所をモデル園に指定してスタートした。

（3）経済協力開発機構（ＯＥＣＤ）は平成一五年に、加盟各国に向けて「スターティング・ストロング」と銘打

つ提言を公表した。「人生の始まりこそ手厚く」と訳せるこの提言は、就学前の教育や保育、子育て支援に対する公的投資を増やすと、その約三〇年後の社会保障費の支出を抑えることができ、効率のよい投資となるという主旨。

（4）試案として刊行され、以下の性質を備えたものであった。①幼稚園・保育所・家庭における幼児教育の手引として刊行、②幼児期の発達の特質、生活指導、生活環境等について解説、③保育内容を「楽しい幼児の経験」として、一二項目に分けて示す、④幼稚園と家庭との連携の在り方について解説。

（5）平成二四年の「子ども・子育て関連三法」の公布により、児童福祉法が改正され、第三十九条においては、「保育に欠ける」から「保育を必要とする」に修正された。

（6）仕事をもちつつ子どもを幼稚園に通わせたい保護者への支援として、また、家庭や地域の教育力を補完するために、平成九年度から私立幼稚園に対して「預かり保育推進事業」として私学助成を措置するとともに、平成一四年度からは市町村に対して地方交付税が措置された。さらに、平成一九年の学校教育法の改正で預かり保育が法律上に位置づけられるとともに、平成二〇年改訂の幼稚園教育要領では、預かり保育が教育活動として適切な活動となるよう具体的な留意事項が示された。平成二四年六月一日現在で預かり保育を実施している幼稚園は全体の八一・四％（公立五九・七％、私立九四・二％）にのぼる（文部科学省「平成二四年度　幼児教育実態調査」より）。

第2章　子どもを取り巻く環境の変化

1　学級崩壊と学力低下、そして子どもの変化

元凶とされた「元年改訂」

高度経済成長と共に少子化が進む中、徐々にはっきりしてきたことは、子どもの異変でした。小学校では「学級崩壊」や「小一プロブレム」が指摘され、その元凶が、幼稚園教育と保育所保育のどこかにあるのではないかとみられるようになりました。しかも平成元年に幼稚園教育要領、翌年には保育所保育指針を改訂したことが引き金となって、子どもたちの学力低下に拍車を掛けたと言われるようになったのです。私は「まったく誤解だった」と今もずっと思っているのですが、世間一般には、二五年ぶりに幼稚園教育要領、保育所保育指針の内容を変えたことが、よくなかったとみられてしまったのです。子どもたちの育ちの異変が、学力低下にも拍車を掛けたとされてしまいました。

さらに、平成一四年四月から完全学校週五日制(1)という大きな教育改革へと舵を切りました。しかし、その変革を必要とした背景がきちんと整理されないまま、なんとなく「子どもがうまくいっていない」というい い方をされてきました。そのため当時から今に至っても、「子どもたちにゆとりをもたせてどうする!」「勉強しない子どもたちが増えて学力低下につながった」と、批

判されています。

保育所や幼稚園から上がってくる子どもたちも、きちんと先生の話を聞くことをせず、非常に自己中心的に自由を謳歌するような形で学校の中に入ってきて、「うまくいっていない」ということだけが指摘されているわけです。そんないわれ方だけが一人歩きして、学力低下がどういうことから起きているのかという原因を、きちんと整理しようとしてきませんでした。保育所も幼稚園も学校も、多様になり過ぎたニーズに対してステップをふんで考えていけばよかったのだと思います。すべての要求に場当たり的に対応するのではなく、いったん踏みとどまって、本当にこれでよいのかと、考えるべきだったと思います。

社会性と人間力の低下

しかし一方で、情報化社会の到来によって、社会の流れはあまりにも速く、そんなにのんびり留まって考えることは許されませんでした。何事もやりながら考えて、軌道修正していくという形になってしまうため、四時間を原則とする幼稚園、八時間を原則とする保育所といいながらも、基本的には両方とも長時間の保育になっていき、子どもたちにもしわ寄せが来ていたと思います。幼稚園を利用する家庭であっても、パート勤務などさまざまな働き方をする母親が増えました。そこで、預かり保育という「教育課程外の教育」で、保護者のニーズにどうにか応えようとしま

す。保育所保育も八時間を超えるような早朝から夜遅くまで、二十四時間開所ということも珍しくなくなりました。さらに、一時保育、病後児保育など、「お父さん、お母さんたちのニーズがあればいつでも預かりますよ」と、受け入れていきました。

今、それがギリギリのところまできていて、結局子どもの育ちの異変という状況になっているわけです。『子どもの社会力』（岩波新書）等を著された筑波大学の門脇厚司名誉教授が著書を通して警鐘を鳴らしておられるのですが、「人間力」「社会力」が低下していくということで、子どもたちは異変をどんどん表出させてきました。

しかし対症療法のような形で、幼稚園教育も保育所保育もここまで来てしまった。到達点を設けてきちっと対応し、省察し、反省したうえで次にどうするのかといったことをほとんどやらなかったために、学校教育の問題とも相まって子ども全体の育ちの異変がひどくなっていきました。さまざまな事件、校内暴力、いじめ、非行の問題だけでなく、今や友だち同士で命の奪い合いをするようなことまで出てきています。子どもというのはどこまでを指すのかわかりませんが――児童福祉法では児童とは〇から一八歳までを指しているし、義務教育という視点でみれば一五歳までを指すようないい方だし、いろいろな考え方があるでしょうが――いずれにしても「子ども期」が長くなっています。全体には一八歳ぐらいまでと考えるとしても、子ども全体が幼くなっているように思えてなりません。

長崎や神戸の事件とは一緒にできない

ただ、間違ってはいけないのは、神戸連続児童殺傷事件（平成九年）や長崎県佐世保市の同級生殺害事件（平成一六年）は、驚愕的な出来事ですがそのことだけで「子どもが変わった」というようにとらえてはいけないと思います。この二つの事例だけで「子どもの育ちが悪くなっている」という考えを前提に、チェックリストをつくり、異常になる子はこうだ、こういう子は必ずこういうことをする、というように評価して「魔女狩り」のような現象が起きてくるのではないかと思います。たしかに神戸では小学生が何人も殺傷され、長崎では同級生の命が奪われました。それを一四、五歳の子どもが引き起こしたことは驚愕的だけれど、これと大多数の子どもの育ちと一緒にできるかどうかを判断すべきではありません。子どもたちの異変をこうした事件だけでとらえてレッテルを貼ったりすれば、一人ひとりが本当にもっているよさと可能性が早い段階で摘み取られてしまいます。ここは食い止めなければならないと思うのです。子どもの異変にかかわる大きな分岐点ではあるけれど、何もかもを一緒に議論されている部分もあって、怖いなと思うのです。

心の教育を考える：心のノート

今、若者たちを含めて将来が見えにくくなってきています。

学びに対しても、働くことに対しても非常に意欲を失っているし、夢をもたないともいわれています。

「あなたは早く大人になりたいですか」という質問に対して、「なりたくない」「今のままでいい」と答える子どもが、先進国の中で日本が一番多いといわれます。大人になったらどういうことをしたいかと聞くと、社会的に役に立つ人間になりたいという夢を語る子も少ない。心にかかわるような出来事に関して、子どもたちがうまくいっていない気がするのです。一方で物質的には非常に豊かになって、何もかも手に入ってしまいます。

文部省に在籍しているときに、今でも震えがくるような仕事をさせてもらいました。「心のノート」作成に参画することができたのです。義務教育課程の子どもたちの道徳の副教材として、低学年用、中学年用、高学年用、中学校用という四冊が編集されました（平成十二年）。子どもたちの心が育っていかない、人と人との関係がうまくいかない、心を開くということを知らない、ということで、当時、文化庁長官をしておられた故・河合隼雄先生を中心に編修・作成されたのです。これは画期的なことでした。

今も道徳教育は、教科ではなく教科書もありません。一つの価値を国から押しつけることにならないように教科書はつくらないという方針でした。一人ひとりの価値観が、みんな違っていいという考え方を大切にしているからです。それは絶対的なものです。

そういう意味では、心の問題にしてもそれぞれが、それぞれであっていいと思います。ただ、自分が心を開いてみて、初めて相手に自分の言っていることが伝わるとか、相手の思いが伝わってくるといった喜びとか、思いやりを持っているということを身近に感じることは決して悪いことではないと思います。そういう様々なことに気付いてほしいという意味で、「心のノート」づくりが始まったわけです。

それでも、こんなものをつくったらきっと多くの人が「国が心の価値を押しつけるのではないか」と猛反対になると思ったのです。しかし、現実問題としては、あまり厳しい反対はなく、多くの方々に受け入れていただきました。もちろん一〇〇%というわけではありません。逆にこれが一〇〇%受け入れられる国になると、大変なことになると思っています。人間は、いろいろな考え方があってよいのですから当然の結果だったと思います。

従来は、絶対そんなことはさせない、こんなものを配らせない、という風潮があり、刊行前の段階でストップさせてしまうことが多々ありました。「一緒に考えてみましょう」ということさえ閉ざすようなこともありましたが、文科省を辞する前の三年間にそうした仕事をさせてもらったことは、ありがたいことでした。一方で私はこの仕事をしたことに対する誇りをもつと同時に、自分の中での葛藤もありました。人の心を縛るつもりはないからです。本当に心が豊かになることとはどういうことなのか、限られた時間の中で懸命に考えました。結果、「心のノート」は小

学校から中学校三年生まで、一人ひとりが心を考える副教材としてもつものとなりました。

こうしたことは画期的だし、ある意味で、これも両刃の剣だとも思いました。しかし、それがある程度受け入れられたということは、学習の基盤に対する学びという問題と、人間形成の基礎としての心の問題が、今の日本の教育の中で少しずつ失われてきたという事実が認識され、軌道修正へと動き始めているということではないでしょうか。

2　教育の分岐点

スプートニク・ショック

今、私たちがめざしてきた教育は失敗したのかもしれません。日本では、昭和四三年に三回目の学習指導要領改訂を行いました。「科学の基本」という非常に難しい学習指導要領をつくったのですが、これが失敗だったとのではと考えています。「科学の基本」が出てくる背景は、いわゆるスプートニク・ショック（昭和三二年）に端を発しています。当時のソビエト連邦がスプートニクという人工衛星を打ち上げたのですが、そのことでアメリカや西欧諸国に大きな衝撃が走った出来事です。それまでずっとアメリカが世界のリーダーシップを取っていて、学問的にも経

済的にも世界一だと思っていたのが、宇宙開発でソ連に先を越され、自由主義の国ではどこか教育が間違っていたのではないかということになりました。

同じ頃、ブルーナー[2]というアメリカの教育学者が世界中を震撼させる「教育の過程」（三八年、岩波書店）という本を出して、らせん状の教育論を考えます。学問というものはらせん状につながっているから、早い時期に基礎的なことを教えるとどんなに難しいことでもわかるようになる。だから幼い頃からどんなに難しいことでも教えることが大事だという理論です。「早期教育論」というのは、ここから出てきているのではと思います。さらにソ連は就学年齢を一年早めて、五歳児からの早期教育をやっていました。それを多くの国は悔しがり、早期の教育が大事だ、天才教育が必要だ、才能開発だ！　ということを言い出した。日本もそれに影響されて、「科学の基本」と言い出したのです。

少し方向転換

当時は今以上に世間では、受験、受験といわれていました。このことが幼稚園教育にも影響してきます。日本中が目玉商品として早期教育をやろうという派と、いや今まで通り遊びをきちんとやった方がよいという派とに分かれたのです。どちらかというと、小学校の内容を先取りするような教育がよいという考えが強い時期でしたから、昭和四三年の第三回目の小学校以上の学習

指導要領の改訂が幼稚園教育・保育所保育にも影を落としました。

それ以降の十年間は教育的にみれば、悪夢だったと言えます。学習指導要領は十年間変えませんでした。「落ちこぼれ」という言葉の出現もこの時期です。この十年間、うまくいかなかったことが、現在の問題の背景にあると言えます。

「科学の基本」という分岐点があって、ここの十年前後が最悪になるわけですが、これを何とか変えなければならないということで、教育の改革につながっていきます。当時の日本の教育は母船集団方式で、「みんなで渡れば怖くない」方式です。一斉に同じような方向に向くという一つの考え方をとっていました。「こうあるべき論的教育論」です。学校、家庭、社会、地域がみんな一つの子ども像をもっていて、「子どもはこうあるべきだ」というやり方をしてきたわけです。「科学の基本」という考えは、できない子どもはだめだ、本当にできる子どもはもっとできるはずだと、どんどん子どもたちを脅迫していくわけです。この時、教師と子どもの関係は縦の軸でつながる一斉型の教育を進めていました。それまでは、その方式が日本の教育をよくしてきたことも事実です。昭和二二年の学校教育法ができて以来、日常生活を中心にやってきたり、百科事典的にやったり、系統的にやってみたりしながら、最終的にこの第三回目の「科学の基本」となりましたが、その方法は、いずれも縦の軸で教師が教え込むことが大事だという考え方が主流だったのです。

一方で、情報が豊かになっていき、閉鎖型だった日本の社会が徐々に開放型へと向かっていくようになります。男女共同参画社会がみえ始めている頃で、日本が全体に豊かな方向にシフトしていく時でした。そこに「科学の基本」が出され、社会全体は受験、受験と子どもたちを追い込んでいく。画一的な子ども観から外れた子どもたちは、落ちこぼれと呼ばれ、校内暴力や非行、いじめの問題が多発した時期でもありました。

市場開放と国際化の波

日本は「恥の文化」で、人に恥じないようにと一緒に一つの方向に向かい、一つのかたまりとして何でもやっていくということが伝統でした。国際社会の中でも、伝統的な方法で経済的にも一人勝ちの様相を示していました。

かつて主要国首脳会議（サミット）に出席した総理大臣が、先進国の首脳の方々から「現状の日本では文明国とは言えない」といわれたことがありました。文明国の仲間入りをするためには、「もっと自由な形で市場開放せよ」と迫ったのです。一方で、国内の学校教育は混乱の時期にあって、「科学の基本」が頭打ちになり、対外的にも自由開放政策の方向へと向かっていくことになっていきます。

当時の首相は、サミットから帰ってすぐ第二次臨時行政調査会議（会長だった土光敏夫の名前

から「土光臨調」とも呼ばれた）を開設しました（五八年）。そこでは、まず国鉄を解散させJRとし、電電公社をNTTに、専売公社をJTにしました。みんなで同じことをやるのではなく、個性を発揮して競い合うことが大事だとして、国営企業を分割し、民間活力を生かそうとしたのです。

学校週五日制の導入と生涯学習社会へ

臨調に続いて、昭和五九年に臨時教育審議会（臨教審）が発足します。これまでは「科学の基本」がキーワードでしたが、それに対して臨教審では「学校文化社会への依存から、生涯学習社会へ移行しよう」という主張がなされていきます。これからは一人ひとりの生き方が大切であるとしたのです。これが悪いといっているわけではないのですが、みんなに理解されていなかったことが、よくなかったと思うのです。ここでいわれたのは、一人ひとりが大切といいながらも、学校も個性をもってもっと特色ある学校として競わせよう、公立ばかりではなくて、私立も含めてさまざまな学校を競わせるのだということなのです。

さらに、サミットで市場経済を開放していくと同時に労働時間を短縮しなさいということを国際労働機関（ＩＬＯ）に勧告されることになるのです。労働時間は、当時週四八時間くらいでしたが、今は四〇時間、実際は三八時間ぐらいになっているのではと思います。

労働時間短縮に一番効果的なことは、学校週五日制にすることです。学校を五日制にすると、少なくとも親たちは休まなければならないことが求められます。ということは労働時間を短縮せざるを得ませんし、完全学校五日制にしたら社会が変わるという発想です。

日本はこれまで学校文化に依存していました。六日制で学校は年中行事もするし、しつけもすれば勉強もと、全部学校が引き受けてやってきました。これまでは、そうすることで日本の教育はうまくいっていたけれども、そうした母船集団という大きな船に乗せて、みんなが同じ方向に向かっていくことに変革が求められてきました。そこでは、価値観も一つだったものから多様な価値観へという要望でもありました。一方、教育現場では、科学の基本の失敗で大混乱している時だったので、ある意味で一人ひとりという自己教育力への転換になるためには学校五日制はいわば渡りに船でした。この結果、一気に学校文化社会から生涯学習社会へ移行していこうということになります。

3　自己責任と生きる力を求めて——平成元年の改訂

ゆとりの教育と生きる力

おもしろいことに、文部省は従来、初等中等教育局が筆頭局だったのですが、この時に生涯学習局が筆頭局になります。省内では生涯学習局が筆頭局だと意識している人と、いや、やっぱり初等中等教育局が筆頭局だと思っている人に分かれていました。しかし、この変化はある種の葛藤を生み出し、「みんな一緒」という考え方だったのが、一人ひとりは一人ひとりでよいという教育を目指しましょうと、変わっていきました。その結果、「ゆとりの教育」も昭和五八年に、この臨時教育審議会（臨教審）で提起されたのですが、これを機に受験学力観から脱却して質的に高い「生きる力」を学力観にしましょう、という方向に流れていきます。京都大学の岡本道雄先生が臨教審の会長だった時に、教育全体をシフトさせていきます。

緩やかに一人ひとりの自己責任の方向にもってこようということなので、「科学の基本」の次の、第五回（平成元年）の学習指導要領改訂のときには、「自己教育力」というキーワードとなったのです。さらに、明治以来初めて教育内容を精選することになりました。それは教育内容の削減ではないかと揶揄されてることもありましたが、本当に必要なものを教えるような方向でいきま

しょうということになりました。これは次の第六回の改訂で、完全学校五日制を実施しなければならなかったからです。

第六回の改訂は平成一〇年から一一年に行われましたが、「知の総合化」と呼ばれています。この改訂は、まさに学習指導要領が質的に変化して、受験学力という知識の量をたくさん知ることではなくて、質的な学力に切り替えて、一人ひとりが違っていい、そして自分が責任をきちっと取っていく世界へ、ということを提起したのです。さらに、初めてのことですが「教育というのは、自分探しの旅を扶ける営みだ」ということを中央教育審議会が珍しく外国からの引用文を用いて解説しました。

自分というものを非常に大事にして、自分が自分のもっている能力を大事にしていく。つまり教育は「できるか、できないか」で止まるのではなく、その先を見通してやることが教育だ、としたわけです。

一生懸命やってできる子もいるし、努力してもできない子もいるけれど、どちらの子もいきいきと生きていいですよ、あなたはあなたの思いで生きることができますよ、すべての命は輝かせなければいけません、ということを教えることが教育だ、といったわけです。素晴らしい人間的な教育に変わっていくわけです。

今までは「一生懸命やればできる、できる」と騙し、諭しながら、できない子が出てくると「バ

カモノ！」といって放ったらかしにするような教育をした可能性が十分にあります。そうではなくて、できる子もできない子も、一生懸命努力したというそのことが勲章になり、できる子もできない子も、努力したところを「発達」といいましょう、ということです。今までは結果としてできた子がよい発達、できない子は発達していない、というようにいってきました。そうではなくて、一人ひとりがその努力している「過程」を発達と呼びましょうとしました。

だから、できる子もできない子も平等で、いきいきと生きていいと教えることが教育です。そういう形の生涯学習社会にしましょう、ということになりました。そして完全五日制という形式をとって、しつけは家庭に返しましょう、学校は本当に学びの基本的な部分だけを担いましょうということにしたのです。教科書も、基礎・基本を徹底しようという方向で内容を精選していくわけです。

薄くなった教科書

そこで教科書の内容がわかりやすさを第一に考え、教科書を通して学ぶ内容が従来の質を維持しながら精選され薄くなっていきます。小学校の算数の教科書なんかは三けたまでしか載っていません。今までは四けた、五けたまで載っていたのを、敢えて載せないようにしたのです。

それは三けたまでしか教えないでよいとしたわけではなく、三けたまでは絶対にわかるように

しなければいけない。三けたがきっちり理解できたら四けた、五けたと、繰り上げ計算ができるようになります。三けたの計算ができない子は補充学習をして、四けた計算、五けた計算にいけるように発展学習をしなさい、ということです。ところが、そのように意図的に切り変えたにもかかわらず、教科書が三けた計算までしか載せなかったために先生方が教えなくなってしまいました。もちろん時間数が足りないということもあるのでしょうが、それがまた新たな学力低下論へとつながっていきます。

「ゆとりと充実」の意義

たしかに世間的にというかマスコミ的には「ゆとりと充実」に対する批判はあります。でも、一人ひとりが本当に心を開いて、お互いが通じ合う世界観をもち、本当に学ぶことの喜びをもつことは大事ではないでしょうか。これは永遠のテーマです。人間と人間がお互いを認め合っていくということです。

文部科学省としては、それを一言で「生きる力」と言って、平成二〇年の学習指導要領改訂のキーワードにもしました。多くの方々の中には「解りがたい、安易」という人もいたけれど、本当の学びというものが、できる・できないで判断する発達を指すものではなく、そこに到達していく過程をいうということが明確になったと思います。学校というのは間違えるところですよと

いう意味も込めて、間違っていてもそこに存在できて、教室に来たら「ぼくは勉強するのはかなり苦手だけれど、ここにいるのが好き」「友だちと一緒にいることが好き」ということをよしとする世界を創っていかなければいけないと宣言したのです。学校は、一人ひとりが生きる力を身につける道程の中に存在するのではないかということを宣言したのです。

本当の意味の学び、本当の意味の心の豊かさをどこでどのような形で保障していくか。この生きる力に対する基盤をどこで築いていくのか。やはりそれは、学校教育の最初である幼児期が重要だろうと思います。

厳しさとやさしさを混在させた教育

先に述べたように、昭和五八年（五〇年代から六〇年代）は、「科学の基本」を軸とした学校文化社会中心から、生涯学習社会へとシフトしていった時代でありました。教師と子どもとの関係もお互いが向き合って子どもの中に何が育つかということまで考えなければいけないような、横軸も縦軸も両方ある、厳しさもあるけれども、やさしさもある、厳しさとやさしさとを混在させた思いやりのある教育へと移行するわけですが、やはり、それが理解されないままに今日までズルズルきています。

厳しいというところだけを思い込む人は「怒る教育」を主張して「子どもをもっと叱れ、叱れ」

と指導する。一方で、「受容だ」「子どもにやさしさを」といっている人は、「ほめる教育」ばかりを主張します。子どもにとっては怒ることもほめることも両方必要だと思うのですが、その辺が二極化されてしまっています。

それは幼稚園でもまったく同じだったのです。幼稚園教育が学校五日制、教育内容の精選という大綱化を先導的に施行したのですが、そのことはあまり知られていません、小学校の方は第五回（平成元年）の「自己教育力」、第六回（平成十年）の「知の総合化」という形で学習指導要領を改訂しました。そのことを受けて幼稚園教育要領は、第五回のときに二五年ぶりに第二回目の改訂をしました。

大綱化された新しい幼稚園教育要領

それまで、小学校以上では十年ごとに教育要領を改訂してきましたが、幼児期の子どもはそんなに変わるものではないという理由で、二五年間も改訂しませんでした。保育所との関係もあり遠慮がちだったということもあります。「自己教育力」をキーワードにした元年の改訂で、二五年ぶりに、初めてのことですが幼稚園と小学校が連携して教育課程の審議会を行ったのです。その時に、学校五日制に向かって進んでいく中で、幼稚園がまず協力してほしい、そのためには内容を大まかにしてほしいといわれ、幼稚園教育要領を大綱化したのです。巨視的にみるような内

容にして、しかも明確な到達目標をかかげず、いずれともとれるような柔軟な形の見方を重視していくようにしました。さらに三〇数ページもあった幼稚園教育要領の本文を一一ページくらいに薄くしたのが元年の改訂でした。

その時の説明の仕方が悪かったと思うのですが、まったく新しい教育要領をつくったとされてしまいました。実は違うのです。小学校の「科学の基本」の失敗をみているために、完全学校五日制のゆとりのある教育を目指して、幼稚園で先導試行的にしていくことがねらいの改訂でもあったのです。小学校を完全学校五日制にすれば幼稚園の教育の内容も精選しなければならず、そのためにはまず幼稚園が大綱化のモデルとして先導してほしいということでした。

それまでの幼稚園教育要領は、小学校の教科を想起させるような六領域（健康・社会・自然・言語・音楽リズム・絵画製作）でした。それをやめようということで新たな五領域（健康・人間関係・環境・言葉・表現）に設定して、すべての領域は発達の窓口としたわけです。領域は教科とはまったく違う、発達の窓口としたのです。同時に、到達目標ではなく方向目標へ内容転換することを明確にしました。内容のすべてを大きく括ることで大綱化したのです。

元年改訂が引き起こした混乱

それまでの教育要領は、たとえば数に関しては、一〇まで数えることができるようになる、も

のの重い、軽いがわかるようになる、短い、長いがわかるようになる、三角形と四角形、丸という図形がわかるようになるといった、いわゆる到達目標が示されていました。そうすると子どもたちを全員、そこに追い込んでしまうわけです。子どもの発達は行ったり来たりしていて、そのことがわかる子どももいれば、わかりにくい子どももいる。そういうことはやめようということで、例えば、ものには重さがあることを知り、楽しむというように切り替えたのです。今までは「分かるようになる」と言っていたのに、「気付く」とか「興味や関心をもつ」という方向にしました。特に抽象的な対人関係の要素、人間関係や環境を意識するような領域に変えたので、保育・教育内容の扱いは大きく変わりました。文字や数にしても「日常生活の中で数量や図形、文字などに関心をもつ」ということになりました。

問題は、これらの読み方・解釈の仕方なのです。たとえば、小学校の算数にかかわって三けた計算までしか教科書に載せなかったから三けたしか教えないという読み方がされ、「だからバカになる」といわれたし、学力低下だといわれました。それまでだったら幼稚園教育要領の中では「何々ができるようになる」と明確に方向を示したのですが、その内容を大綱化して見えづらくしました。

しかし同時に一人ひとりを大切にして、自由感あふれる教育をしようということになりました。つまり、できるだけ指導を控えて援助に留めなさい。そしてこれまでやってきたような、単元を

つくって全員を同じように活動させることについてはだめですよ、ということをかなり強調したのです。

学校教育そのものを変革するために幼稚園から変えていこうということで、自己教育力の先陣を切って一人ひとりの子どもたちを生かす教育に切り変えていこうというための幼稚園教育要領の改訂だったのです。幼稚園はその先陣を切るために、「従来行っていた一斉保育のようなものはほとんどありません。活動は環境に関わっていく子どもから生み出されます」と特に強調したわけです。そして、「援助」というのは、見えない指導をきちんとすることによってなされる行為ですと解説したのですが、「指導してはいけない」と云うようにとられてしまったことが多々ありました。その結果、最初に出された解説書は理解されないということで、半年後に解説書の増補版を出すという文部省としては前代未聞の出来事も二五年ぶりの改訂の余波だったのかも知れません。

4　環境構成に学びの要素を強調――平成一〇年の改訂

うまくいかなかった小学校との連携

この平成元年の改訂によって、子どもたちはいきいきとしてきました。ただ、子どもの側にすべての責任を押しつけたために、教師の指導がみえなくなってきたのです。意図的な教育の場であるにもかかわらず、学校教育であることも忘れてしまい、最小限のことを教えることさえしないところも出てきました。

子どもたちを自由にしてやっと、子どもたちのよさを生かそうとする方向に切り変えていきます。しかし、先生の一部には「これが教育だろうか」と考える人がいて、昔にすっかり戻す人と、まったく自由感あふれる教育をする人とに分かれて、再び「一斉か、自由か」という論争が始まるわけです。平成一〇年前後には、幼稚園が自由保育をすることであまりにも自己中心的な子どもが出現し、それによって学級崩壊を起こしてきているとまでいわれるようになりました。

しかし一方では、相変わらず旧来の教科主義的な教育をするところもありました。幼稚園は義務教育ではないために、非常に大きな振れ幅をもっています。教科書をもたないことが、いい意味でも、悪い意味でも、子どもに迷惑をかけたと思います。

小学校教育と一緒に連携して改革をしてきたはずなのに、小学校の方から邪険にされてきたところもありました。小学校教育と幼稚園教育との連携を重視して、生活科という新しい教科まで平成元年につくられました。にもかかわらず、その生活科と幼稚園の教育内容とがつながっていなくて、いろいろな矛盾が出てきたのです。

結局は混乱だけを生み出し、生涯学習社会に緩やかに移行しながらも「一人ひとりというものが大切ですよ。一人ひとりのよさを生かしながら、ゆっくり意図的な教育をしていくべきですよ。でも基礎的な学びはきっちりとおさえてください」という教育を目指したはずなのに、多くの人がしっかり受け取らなかったのです。それが現在もまだ尾を引いているのだと思います。

「その際…」と付け加える

しかし残念ながら元年の改訂のとき、「一人ひとり」「自由感あふれる主体的な活動を」ということをあまりにも強調しすぎたために、計画的な教師の役割がなくなって、「子どもを放ったらかしにしている」「放牧保育」とも言われてしまいました。そこで一〇年の改訂のときには、「その際」という言葉をつけ加えたわけです。平成十年の三回目の改訂では大きな修正・改訂はしていなくて、前回のものを継続していきました。平成元年に作成された教育要領がとてもよくできているので大半は継続するけれども、誤った受け止めを避けるために、「その際」という言葉を

つけました。総則に、一人ひとりの特性に応じ、自発的・主体的なことは大切にする形は継続していくけれども、「その際、幼児の主体的な活動が確保されるよう幼児一人一人の行動の理解と予想に基づき、計画的に環境を構成しなければならない」というようにしたのです。さらに環境まで「子どもに任せる」といって、すべてを子どもに任せてしまうことがありましたので、環境というものは幼稚園教育にとっては教科書のようなものですから、「環境という教科書には、学びの要素をたくさん埋め込んでおかなければいけません」ということで先の文章に続けて、「この場合において、教師は、幼児と人やものとのかかわりが重要であることを踏まえ、物的・空間的環境を構成しなければならない。また、教師は、幼児一人一人の活動の場面に応じて、様々な役割を果たし、その活動を豊かにしなければならない」（『幼稚園教育要領』平成一〇年一二月告示）として、教師の役割があり、きちんと見えない教科書の存在みたいなものがあると説明されました。ゆえに保育は、子どもたちの主体的な活動を大切にしながら計画的・意図的な教育の場でなければいけないということを平成一〇年の改訂で明確にし、今に至っていると考えています。

いまだ残る幼・小連携の課題と生活科の「遊び」

しかし、それでもなお、子どもたちの教育の内容が遊びを通してということで、あまり変わっていないではないか、教育の内容も幼・小のつながりがうまくいっていないではないかとずっと

いわれ続けています。文部科学省としては、幼・小の接続が滑らかにいけるようにと、「開発学校」という研究校を指定して、幼稚園と小学校が一緒にカリキュラムを開発することを十数年間行っているのですが、残念ながらまだそれがよき果実を生んでいません。

保護者にとって不安が特に大きいのは幼児期と児童期の接続期にかかわる遊びと学びの関係ではないでしょうか。保育に携わる関係者の間では、小学校に生活科が設置されたことで、接続にかかわっては解決に向かっていると思っている方が多いようです。たしかに、平成十年の学習指導要領改訂の際に小学校の低学年に教科として新たに生活科が設置されたとき、幼児期の教育と小学校教育がやっと接続したと大いに歓迎されました。しかし、歓迎の声が大きかったのは保育所・幼稚園関係者の方で、小学校の関係者や保護者には、歓迎というより、むしろ戸惑いの方が多かったような印象があります。その戸惑いの理由の一つには、生活科は幼児期の教育と同じく「遊び」を中心とした教科であると喧伝されたことではないでしょうか。

生活科の新設における趣旨とねらいをみると「低学年の児童の心身の発達は、幼稚園の年長児から小学校中・高学年の児童への過渡期的な段階であり、具体的な活動を通して思考するという発達上の特徴がみられる。そこで、幼稚園教育との関連も考慮して、低学年では直接体験を重視した学習活動を展開することが、教育上有効であると考える」と述べられています。しかし、どこにも「遊び」を中心とすることなどは書かれていません。たしかに、幼稚園教育との関連も考

慮した直接体験を重視した活動には「遊び」も含まれていますが、保育所・幼稚園での「遊び」と必ずしも一致することを意味してはいないのです。ただし、直接体験として身近な生活の事象を教育化していくことにおいては、幼児期の教育と同様な面が多くあることは事実です。生活科新設のねらいは「直接的な体験を重視した学習活動を展開し、意欲的に学習や生活をさせるようにする」ことでした。つまり、生活科を通して既成の各教科を見直し、さらに充実した教科として児童の主体的な学習が展開されるようになってほしいということだったのです。このことは、現行の学習指導要領に新たに位置づけられている「総合的な学習の時間」についても同様なことが考えられているのです。

つまり、小学校における生活科の新設は、小学校教育のさらなる充実と共に、幼児期と児童期の双方がお互いの教育への理解を深めることで接続への橋渡しを意味していることは確かです。だからといって、生活科の遊びと幼児期教育の遊びが同一であると考え、そのことによって両者の教育方法、内容が連携したとすることは安易であり、問題があるのではないでしょうか。

目的としての遊び・手段としての遊び

幼稚園教育要領の解説書には、小学校との連携について「幼稚園においては、この教育要領に示されていることに基づいて、幼児期にふさわしい教育を十分に行うことが小学校教育との接続

を図る上で最も大切なことであり、いたずらに小学校の教科内容に類似した指導を行うことのないようにしなければならない」と述べています。小学校の生活科は、各教科と並ぶれっきとした教科として位置づけられています。だとすると、保育所・幼稚園における遊びと生活科における遊びとでは、教育方法、内容のうえでも似て非なるものなのではないでしょうか。

しかも、教科としての生活科の遊びは、遊び本来の意味と本質を異にするものと考えなければならないのではないでしょうか。たとえば、近くの広場や休憩時間に行う「ボール遊び」と、授業中の「ボール遊び」とでは、活動そのものは同一にみえても、活動している子どもにとっての認識は異なるのです。すなわち、遊びの本質に相違があるからです。保育所・幼稚園、小学校は意図的な教育の場です。したがって、こうした場における遊びに、一般の遊びの概念をそのまま適用することは問題があるのかもしれません。保育所・幼稚園教育と小学校教育の教育目的や教育方法を重ねてみると、保育所・幼稚園の教育実践は「目的としての遊び」が大半を占めており、生活科では「手段としての遊び」が行われていると考えてよいのではないでしょうか。

だとすれば、両者は似て非なる教育実践を行っていることになります。たとえば、生活科で「好きな遊び」として自由な活動が始まったとしても、児童は授業という枠の中であることを微妙に感知し、この時間が、「手段としての遊び」は許されているが、真の遊び活動とは受け止めていないのです。つまり、「手段としての遊び」は遊びがもつ本来の力を失わせてしまうのです。

しかし、意図的教育の場としての保育所・幼稚園、小学校では、「手段としての遊び」を抜きにして教育は成立しません。保育所・幼稚園教育と小学校教育の実践過程において、それぞれの教育目的、方法のうえでどちらがより有効性を生かすかをつきつめながら「遊び」をとらえなければならないのです。つまり、幼児期の教育と小学校教育のスムースな接続は、保育所・幼稚園での遊び、生活科の遊びという教育内容が似ている、また学齢期として発達が連続している、と安易に考えるのではなく、遊び一つにしても相違しているからこそお互いの教育目的や教育方法を尊重した連携が必要であると考えるべきではないでしょうか。

お互いが相違していることを認識することが幼児期の教育と小学校教育の滑らかな接続として重要であり、そこから連携の在り方と必要性が生まれるのではないかと考えてみる必要があるのです。もちろん、このことは、幼児の入学前の生活との断絶によって小学校生活が始まるようにと思っているのではなく、小学校生活が成立するのは、入学前に保育所・幼稚園や家庭で培われた幼児期にふさわしい生活の存在がその基盤になっていることが前提であることは当然です。こうした考えを、保護者に納得のいくように説明することによって学びへの不安を取り除く必要があるのです。

【注】

（1）なお、学校週五日制は、子どものたちの生活全体を見直し、ゆとりのある生活の中で、子どもたちが個性を生かしながら豊かな自己実現を図ることができるよう、平成四年九月から月一回、平成七年四月からは月二回という形で段階的に実施されてきた。

（2）Bruner, J.　1915年生まれ。アメリカの代表的な発達・教育心理学者で、「スプートニク・ショック」をきっかけに教育の現代化運動を推進し、その成果を『教育の過程』として出版。その著書の中で、「どの教科でも知的性格をそのままに保って、発達のどの段階の子どもにも効果的に教えることができる」といういわゆるブルーナー仮説を提唱した。

第3章　育ちの異変

1　少子化時代の子どもと親への支援

みんなと給食が食べられない新入園児

近年の少子化、男女共同参画社会の時代に突入すると、日常生活に求められるものややるべきことが変化してきています。そうした変化の中で幼い子どもたちが通う幼稚園、保育所の有り様はもちろん、保護者・保育者の役割等も変化に対応した新たな課題が生まれてきました。

たしかに平成一〇年頃から、乳幼児期を含め子どもの育ちの「変化」が盛んに指摘されるようになりました。保育所や幼稚園に入園してくる子どもたちの中に、他人と手をつなぐことを嫌う子がみられるようになりました。ある小学校では、入学したばかりの子どもの中に、みんなと一緒に給食が食べられない子がいて苦労したという話を聞きました。自分の周囲で「くちゃくちゃ音をさせて食べる仲間の姿」に泣き出す子もいて、しばらく保健室や校長室で「一人で食べさせる」こともあったそうです。何をするのも母子一緒、父親も家にいれば子どもに同調、買い物や散歩はもちろん、遊びまでことごとく一緒、という家族が増えてきている中で、子育てに悩む保護者が増えてきました。また、子どもを取り巻く環境をみれば、自然の消失と共に、子ども仲間の減少と遊びの減退が現実的になりました。さらに、子どもたちがどうも昔と違ってきた、いろ

いろと気がかりなことが多くなってきました。具体的には、基本的な生活習慣が身についていない、運動能力が低い、他人とのかかわりが苦手、自制心や規範意識、知的好奇心の欠如など、枚挙にいとまがない程です。

しかし、その「変化」はマイナス方向ばかりが強調されている傾向にあります。そうしたマイナス傾向の結果か否かは別として、学齢期の子どもたちの学習状況や生活実態においても小学校一年生の子どもたちが学習に集中できない、教師の話が聞けずに授業が成立しないなど学級がうまく機能しないことをとらえて「小一プロブレム」などという「言葉」が生み出されました。

さらに、子どもたちの問題状況は、少年犯罪の凶悪化が低年齢化し、無気力で、問題行動が増加する傾向が、児童生徒全体にまで及んでいきました。こうした「変化」を総称して子どもの社会力、人間力が低下していると指摘され始めたのです。

その典型例としてよく挙げられているのが、保育所・幼稚園に入園してくる三歳児における異変です。かつては、三歳児で入園してくる園児の中で、オムツが取れていない幼児の存在は皆無に近いものでしたが、この頃から一クラスに四～六人くらい、オムツをしたまま入園して来るという実態が全国的に蔓延してきたのです。

たしかに、幼児教育振興計画を検討する時、三歳児の教育を始める一つの指標として、幼児のオムツが取れ、幼児同士の集団活動が可能か否かを見極めながら考えてきたことは事実です。し

たがって、オムツをしたままの入園児の増加は、幼児の社会力、人間力の低下といえないことはないのかもしれません。しかし、オムツをしたまま入園してきた幼児が入園後まもなくオムツが取れることの事実も知らなければなりません。しかも、そのオムツが取れることに対しては、保育者の懸命な指導の下ではなく、幼児自らの力で行ってきていることを知ってほしいのです。オムツをしたまま入園した幼児の多くは、入園後友だちと一緒に遊ぶことを通して初めて自らのオムツ姿に気づき、みんなと一緒により楽しく遊ぶためには、自らオムツを排除することの必要を学び容易に実行できるようになるのです。

子ども受難時代

では、オムツ問題をはじめ、こうした子どもたちの育ち「変化」は、子どもの側ではなく保護者の側にあるのかと考えたくなります。

たしかに、現在の少子化、核家族化、情報化など経済社会の急激な変化を受けて人々の価値観が多様化する中で、社会全体としては、個人主義、人間関係の希薄化を生み出し、経済性・効率性が重視された大人優先の社会状況がみられることは事実です。でも、だからといって、大人優先社会の否定や保護者に問題がすべてであると主張しているのではありません。そこに存在する大人優先社会が生み出した経済性・効率性が誤解されていることで生み出された「変化」ではない

かと考えたいのです。

今や、子育ての中心命題がこうした誤解された経済性・効率性の下で実行されているために、より早く、より効率的に賢く育てることが「よい子育て」であるかのようになってきていないでしょうか。その結果、多くの保護者は無意識のうちに、効率的に「よい子育て」ができない人は親ではないという脅迫感に襲われ、子どもが育っていくためには何が本当に必要なのかがわからなくなり、ひいては「子育てはハンディキャップ」との認識さえ抱かせるようになりました。オムツの問題でさえ専門家に任せる方が効率的と考えてしまっているのです。しかし、むしろ今、真に求められるべきは、子どもたちの状況をマイナス方向や効率化のみで捉えるのではなく、目の前の子どもの様子をしっかり見つめ、子どもの成長するうえではどんなに時間がかかってもポジティブな体験も、ネガティブな体験も必要と考えることでしょう。つまり、現代の豊かさや効率化が子育てにも当てはまると誤解したまま子育てを続けていくと、ますます「子ども受難」時代に向かわせるではと考えたくなるのですが、いかがでしょうか。

核家族で育った親の増加

現在、私たちが迎えている男女参画型社会、情報型社会は、大人の生活の在り様を大きく変化させるばかりでなく、子どもたちの成長・発達にも大きな影響を及ぼしています。かつては、各

家庭でそれなりに子育てを楽しんでいたはずのものが、今、なぜ悩むのでしょうか。

まず、挙げられるのは少子・核家族化・都市化の問題です。現代の生活の場は、両親が育った地域や環境とは異なることが多いため、地域や他の家族との結びつきが弱くなる傾向があります。それに伴い、家庭の孤独化、特に母親が子育ての悩みを抱えたまま孤立してしまいがちになることや、母親が病気などのやむを得ない事情があっても、代わりの育児担当者が簡単にみつけられないことなどの問題が起きています。さらに今では、核家族で育った子どもが親になり少子・核家族を形成しているという新たな局面が問題の複雑さと深さをもたらし、その質が大きく変化しようとしています。

次に、育児情報の氾濫が挙げられます。そこで扱われている情報には、現在起こっているさまざまな事件や事象のことだけでなく、いわゆる「今からでは遅すぎる」「キレる子どもの出現！」などなど、いたずらに親を不安にさせるものも含まれています。このことが、少子・核家族の問題と重なると、問題はさらに深刻になっていきます。核家族で育った人たちは、自分が親となるまでに幼い子どもとふれ合う機会も少なく、育児の伝承もないことから、いきおい育児書・子育て雑誌に頼ることが多くなります。ところが、その情報は一人ひとりの子どもに合わせて提供されているわけではなく、前述のように不安をあおるようなものがたくさんあり、そのため、育児書や子育て雑誌の情報にとらわれることによって、かえって悩みが大きくなってしまう状況さえ

生み出しています。

最後は、これは決して悪いことではないのですが、女性の社会進出、男女共同参画型社会の出現です。しかし現実社会は、子育てを考慮した就労や保育の形態が必ずしも十分に整備されているとはいえない状況にあることは否めません。その中にあって、自分が生かされる職業の選択幅も十分だとはいえず、また、家庭人であってもボランティア活動などの社会参加をしたくても自分の時間がもてません。子育てへの精神的負担が大きくイライラして、時間がなく子どもへの接し方もわからないなど、子育てと仕事等との間で起きてくる親の焦燥感や不安が、子どもの成長・発達へも影響していることが問題となってきているのです。

子育て支援と開かれた幼稚園づくり

こうした状況は、家庭や保護者から多様な保育要求が出てきていることと相まって、子育ての責任を親だけでなく、社会全体で担っていこうとする具体的な考えを生み出し、動いてきています。たとえば「一人で悩まないで、みんなで考えてみましょう」といった、保護者一人ひとりを支援しようとする動きが生まれ、子育てが各家庭単独の問題でなくなってきています。

その起点は、男女参画型・情報化社会の到来と共に出生率による少子化の問題が密接に絡んでいます。平成一七年、わが国の合計特殊出生率は一・二六となり、史上最低を記録しました。少

子化は、子ども同士のかかわりを少なくし、母子密着を強化し、子どもの成長への影響をはじめ、若年労働者の減少を通して、社会や経済、国民生活に多大な影響を及ぼす問題であり、その対策が緊急な課題とされてきています。

このような流れを受けて、文部科学省でも平成一三年頃に次のような対策を掲げました。①家庭教育を支援していくため、地域の母子保健活動や小学校入学前に行われる就学時健康診断の機会を活用して、家庭教育に関する講座の開設や家庭教育ノートを配布、②親の悩みや不安等に関する相談に、電話等によりいつでも対応できる相談体制を各都道府県に整備する、③子育てやしつけに関して不安や悩みをもつ親に対して、相談にのったり、アドバイスを行う「子育てサポーター」を配置し、地域における子育て支援ネットワークを形成する、④心身のしなやかさとたくましさを持ち、夢のある子どもを地域で育てるため、さまざまな活動機会についての情報提供や自然体験などの体験活動等の機会と場の提供を図る――など。

こうした一連の取り組みは、従来以上に幼稚園の教育機能を生かしつつ、子どもたちがよりよく成長し、保護者の子育てをめぐる不安解消を願っているからなのです。子育て支援という言葉は、幼児教育の世界においても最大のキーワードになろうとしています。つまり、幼稚園は、その基本的機能を生かす中で運営の弾力化を図り、地域の幼児教育のセンターとして「開かれた園づくり」を進める中で、子育て支援活動を活用して「親と子の育ちの場」としての充実が求めら

れているといっても過言ではありません。

「親と子の育ちの場」とは、幼稚園が「幼児教育を組織的・計画的に行う場」として機能する中に「保護者自身が保護者として成長する場」を提供することを意味しています。これは、地域における幼稚園として重要な役割があるとして「保護者を含めて地域の人々に社会全体で子どもを育てるという考え方が深まっていく」こと、すなわち、地域に子育て支援を含んだ「開かれた園づくり」が期待されているからなのです。

2　認定こども園の誕生

新たなニーズ

文部科学省と厚生労働省では、少子化対策の一つとして就学前の教育・保育を一体化してとらえた総合施設、「認定こども園」創設のための法案（就学前の子どもに関する教育、保育等の総合的な提供の推進に関する法律）を平成一八年十月に施行しました（巻末資料5参照）。こうした総合施設が本当に少子化の歯止めになるのか否か、ひいては幼児教育、子育て支援や家族支援の充実につながったのでしょうか。

これまでに何回も述べてきました通り、わが国の乳幼児期の子どもに対する保育・教育については、満三歳から就学前までの子どもを対象に一日四時間を基準に教育を行う学校教育法に基づく幼稚園と、保護者の就労等の諸事情により保育に欠ける〇歳児から就学前のこどもを対象に一日原則八時間の保育を行う児童福祉法に基づく保育所によって担われてきました。両施設は、その目的と役割を異にしていますが、それぞれの時代に合わせながら社会的なニーズに応えてきました。ところが、少子化を代表とする近年の急速な社会構造の変化は、乳幼児期の子どもに関する保育・教育に新たなニーズが求められるようなさまざまな状況が生まれてきているのです。

たとえば、①少子化が進行し、子どもやきょうだいの数が減少することによって子どもたちの成長にとって大切な集団活動や異年齢交流の機会が家庭・地域の中に少なくなり、保育所・幼稚園でさえ単独で一定の子ども集団が保てなくなっていくという状況、②男女参画型社会の到来によって、保護者が働いていれば保育所、働いていなければ幼稚園という、保護者の就労の有無で利用施設が限定されているシステムが、現代の多様な就労形態にマッチしなくなっている状況、③都市化・核家族化・高齢化の進行が地域によって人口の過疎化・集中化をもたらし、家庭だけでなく地域の子育て力の低下を生み出し、都市部では保育所や幼稚園への待機児が偏在し、両施設の機能拡大と有効活用が期待される状況、④キレる子、小一プロブレムなどに代表される幼い子どもたちの心の空洞化や学びへの意欲の減退、さらには友だち関係を求めない孤立した不安定

な子どもの状況――など。さまざまな形で子どもたちの心配な状況が出現し、保育所・幼稚園に機能はもちろん、保育・教育の具体的な有り様にも変革が求められてきたのです。つまり、認定こども園の法令化は、社会構造を含め、さまざまな子どもの不安状況の出現がもたらしたものと言えます。

ゆえに、その中心は、子どもたち一人ひとりの健全な育ちを支え、考えてほしいという切実な願いでした。そのためには、認定こども園の制度設計が大切ですが、その基礎となったのは、その前の年に実施された総合施設モデル事業の最終評価と考えてよいのではないでしょうか。モデル事業は、先の命題、「子どもたちの最善の利益」を守ることの基準を第一義とするためのさまざまな資料を得るために実施されたからです。

平成一六年の文部科学省・厚生労働省の合同検討会議「就学前の教育・保育を一体として捉えた一貫した総合施設について」の審議のまとめでは､総合施設には就学前の子どもに適切な教育・保育の機会を提供すると共に、就労の有無にかかわらず、すべての子育て家庭に対する支援を行う機能を備えるものであると位置づけられました。そのため、従来の公的な乳幼児施設だけでなく、地域に存在する未認定の乳幼児施設も視野に入れることが必要だとし、認定こども園の法令には従来の保育所・幼稚園の機能の拡大だけでなく、幼保一体型や保育所・幼稚園のいずれの認可も受けていない施設を含め、四つの形態が実施可能とされました。

ところが、こうした認定こども園の法令化は、従来からいわれていた「幼・保一元化」ではないのではないか、という疑問が多くの方から寄せられ、事実、国会論戦の中でも幾人かの議員から同様の質問が出ました。実際、この時の認定こども園法は、一元化でも一体化でもありませんでした。近い将来、ここを起点に一元化／一体化へと進むのかもしれませんが、この時は、幼・保の機能を生かした新たな保育システムができたに過ぎませんでした。

認定こども園の誕生によって、保護者にとっては子どもを育てる施設を自由に選択できることの拡大に貢献してきました。しかし、従来から期待されてきた幼保一元化／一体化には遠い道が残っていることを知らなければなりません。さらに、保護者の真の願いは単なる子育て支援として選択でき、利用できる乳幼児施設のシステムだけでなく、豊かな心と賢い子どもの育ちという質の高い教育・保育の内容を期待しているということを忘れてはなりません。

中教審幼児教育部会の答申

実は、認定こども園の論議の発端は、少子化対策ではないところから出発しています。この認定こども園が注目されるようになったきっかけは、中央教育審議会が平成一七年一月、当時の文部科学大臣に「子どもを取り巻く環境の変化を踏まえた今後の幼児教育の在り方について」を答申したことにあります。この答申は一五年五月、遠山敦子・元同省大臣が諮問した「今後の初等

中等教育改革の推進方策について」に掲げられた課題の中の一つでしたが、幼児教育に焦点を当てたのは、中教審としては初めてのことでした。答申の副題にもなっている「子どもの最善の利益のために幼児教育を考える」として就学前の教育・保育を一体としてとらえた総合施設についても検討されるということで注目を集めました。

この答申をみると、たしかに認定こども園誕生の背景は、乳幼児期の子どもの社会力、人間力の低下であり、それが近年の少子化や男女共同参画社会への移行によって引き起こされたことは事実です。しかし、こうした議論の元々の発端は、少子化対策ではなく、小・中学校における学力調査（PISA）を統括している経済協力開発機構（OECD）にあることは、案外、知られていないようです。本書の冒頭でも述べたようにOECDの教育問題委員会が「世界の教育改革2000」の中で「幼年期に質の高い教育を用意することは生涯学習の基盤を形成することである、質の高い就学前教育及び保育環境で育った子どもはすぐれた思考力や問題解決能力を発達させる」と、初めて乳幼児教育にかかわる提言を各国に発信したのです。これが、今回の認定こども園の誕生の背景にあることを読み取る必要があります。なぜなら、先進国の中で日本だけ保育と教育が混在し、同一年齢の幼児が学校教育法と児童福祉法とに分かれて在籍し、教育と保育が複線化していることで、質がしっかりと保たれているのか否かが、恒常的に問われてきたからです。

そこで、この時の答申ではまず、「心情、意欲、態度、基本的生活習慣など、生涯にわたる人

間形成の基礎が培われる極めて重要な時期」と幼児期の重要性を強調し、「知的、感情的な面でも、また人間関係の面でも、日々急速に成長する時期でもあるため、この時期に経験しておかなければならないことを十分に行わせることは、将来、人間として充実した生活を送る上で不可欠である」として「質の高い保育」の必要性を述べ、ＯＥＣＤの提言を受けた幼児期の重要性を強調しました。次に、幼児とは「小学校就学前の者」を指し、幼児教育とは「幼児が生活するすべての場において行われる教育を総称したもの」とし、家庭は愛情やしつけなどを通じて幼児の成長の最も基礎となる心身の基礎を形成する場、地域社会はさまざまな人々との交流や身近な自然とのふれ合いを通して豊かな体験が得られる場、幼稚園などの施設は教職員らに支えられながら集団活動を通じて家庭では体験できない社会、文化、自然にふれ、幼児なりの豊かさに出会う場として、これら三者の役割とその連携が重要であると強調されたのです。しかし一方で、わが子を自らの手で育てたいと思っているにもかかわらず、どのようにすればよいのか分からず、悩み、孤立感を募らせる親が増えていました。保育所・幼稚園などの教職員の中には、支援のために必要とされる資質が十分に備わっていない者もおり、子どもを取り巻く環境の変化が大きく変化していることも指摘し、従来の幼児教育システムの限界と警鐘を鳴らしたのです。

瓢箪から駒

答申ではこうした課題に対して、幼稚園などが中核になって家庭や地域社会の教育力を再生させると共に、教員研修の充実、幼児教育と小学校教育との接続を含め幼稚園等施設の教育機能を強化し、拡大することを求め、幼児期に新たな保育・教育のシステムを構築する必要性を提言しています。その具体化のためには、現在の子どもを取り巻く地域環境づくりの問題点と対応させることも重要な検討課題だと指摘し、幼児教育は「生涯にわたる人間形成の基礎」の問題であると同時に、「将来の社会を形成していく人間としての生きる力の育成」の問題であるとして、その両面から検討し、新たに就学前の教育・保育の一体化を図った地域環境づくりと、総合的な機能を併せもった施設の必要性が指摘されました。従来の子どもの環境づくりを学校教育の機能として、子どもの成長、発達の側面から検討することを提案したのです。

たしかに、幼稚園と保育所の連携が進みつつありますが、何よりも「既存の制度の枠組みによる連携だけでなく、柔軟な対応ができるような状況をつくることも大切」と指摘したことが大きかったのです。新たに、①地域の実情等に応じて、在宅を含め地域の子育て家庭に対し、子育てに関する必要な相談・助言・支援を行うこと、②地域の親子が誰でも交流できる場を提供すること、③総合施設は、親の育児を単に肩代わりするのではなく、親と共に子育てに参加し、親の育児力の向上を支援することを通じて、子どものよりよい育ちを実現していくこと、④このほか、早朝

や夜間において保育を行う機能、子育て支援サービスの情報の提供をしたり、虐待予防などの観点から関係機関と連携したり適切なサポートを行うこと――などが重要であると述べられました。つまり、保護者や地域を含めた新たな幅広い層が、幼児教育の対象として求められたのです。それが、総合施設としての認定こども園だったというわけです。

わが子を賢く育てたい！という欲求

保護者の関心事として「いかに保育園に入れられるか」ということばかりマスコミで取り上げられますが、実は、わが子を「いかに賢く育てられるか！」という欲求が強いことも大きいのです。真の少子化対策を、どのような議論から始めればよいのでしょうか。また、認定こども園は真の意味での少子化対策になるのでしょうか。認定こども園について議論された中教審答申から再度考えてみたいと思います。

平成一七年一月の中教審答申の最終章には、法令化された「就学前の子どもに関する教育・保育等の総合的な提供に関する法律」の基になった「就学前の教育・保育を一体として捉えた一貫した総合施設」について述べられています。この総合施設とは、現在の多様化した社会にあって保護者に新たな幼児教育施設の選択肢を提供するための幼稚園と保育所の機能を併せもった施設を考えるとしています。しかし当初、仮称とはいえ「総合施設」という名称に多くの方が新しい

幼児教育施設が創設されるのだと誤解する向きもありました。しかし実際は、新たな施設というより幼児期の教育システムが入り組んだ形となったと考える方がよいのではないでしょうか。なぜなら、この総合施設は、「親の就労の有無で区別することなく、就学前の子どもに適切な幼児教育・保育の機会を提供し、そのとき期にふさわしい成長を促す機能を備える」もので、「幼・保を一元化したものを意味するものではない」と述べているからです。

利用対象者や形態は、地域の未就園の子どもから就学前まですべてを対象にしていることから、「〇歳児から二歳児」は、①親子登園、親子の交流の場への参加などの形態で利用する子ども②現行の保育所と同様に八時間程度の保育を利用する子ども、③週に数日程度の利用や一時的な利用、などとされました。また「三歳児から五歳児」については、①幼稚園と同様に四時間程度利用する子ども、②保育所と同様に八時間程度利用する子どもと、一時的利用、夜間保育、預かり保育などと、保護者ニーズに応じた多様な利用形態を考える必要を強調しています。しかし、一方で「親の育児の肩代わり、預けっぱなし」については明確に否定しています。

しかし、繰り返しになりますが、保護者にとっての興味・関心は、わが子をどのようによりよく教育してくれるのか、もっと端的にいうならば、「わが子を賢く、よい子に育ててほしい」ということに関心が強いのです。すなわち、保護者の関心は、新たなシステムにおける教育、もしくは保育内容がどのようになるのかということにあるのです。ところが、認定こども園法が成立

する過程では、こうした課題について十分な議論がなされたとはいえなかったのが現状です。

その点で、お隣の韓国では、一足早く、幼稚園と保育所の教育内容を統合し、実施するようになりました。大統領による少子化対策として幼児教育無償化が進み、それとセットで統合した教育課程が浸透したわけです。その背景には、幼児教育の研究者集団が長年にわたって教育内容の在り方を検討し、一元化・一体化した成果があったといわれています。わが国の総合施設における教育・保育にかかわる一致点は、三歳から五歳児については、幼稚園教育要領に基づいた教育を実施し、その教育の中核としてコア時間として四時間を設定することが提起されたことは大いに注目に値します。

つまり、教育・保育における新たな考え方として、たとえ利用形態が違ったとしても教育の中核という意味で共通のコア時間を設定し、その時間を四時間程度と考え、特に、就学前の五歳児の段階では小学校の学習や生活の橋渡しに資する活動の実施を考えることが重要とされたからです。職員資格については「一定の教育・保育の質を確保する観点から、保育士資格及び幼稚園教諭免許を併有することが望ましい」とされています。しかし、両資格の併有を義務づけるのではなく「基本的にはいずれかの資格を有することで従事可能とすることが適当である」としつつも、「3~5歳児の四時間の共通時間については幼稚園教諭免許を有する者を、0~2歳児の保育についてては保育士資格を有する者を中心にすべき」との意見も併記されたことは評価すべきことな

のですが、現実には、教育・保育をはじめ職員の資格等については、当分の間、現状を維持するとされたのです。こうした教育・保育を担う専門家についての曖昧さを残したままの状態で出発する認定子ども園は、真の少子化への歯止めになるのでしょうか。

なぜなら、保護者が求めているものは、安心して子どもたちを育てる機能の充実にあることは間違いないのですが、その充実とは、ただ単に子どもを託す、預ける選択に幅をもたせることだけではないからです。保護者が安心して子どもを任せるとは、よりよく子どもが育つ教育内容の充実にあることは疑いのないところです。その教育を担う専門家を誰に託すのかの選択が従来通りだとすると、少子化への歯止めとしての役割は果たせるのでしょうか。柔軟な選択が可能となった新たなこども園に一つの安心感をもたらすことは間違いないのかもしれませんが、安心して子どもを生み育てるということへの教育・保育についての現状の不信感は、乳幼児期の発達を見通し将来にわたって安心して「子どもが育つ」とはいかなることなのかについての、専門性の在り方を明確に示さなかったことからきていると考えざるを得ません。

もちろん、少子化の歯止めの具体的な問題として若い子育て世代の家計への負担のことも考えなければなりません。しかし、何よりも重要なことは、楽しく充実した子育てが実現できることでしょう。幼稚園や保育所に出かけて保護者の本音を聴くことがありますが、多くの方々が、「子育ての楽しさが体感できれば一人でも多くの子どもをもちたい！」と訴えられることからもわか

ります。その意味で、認定子ども園が少子化の歯止めに寄与できるか否か、現状ではどのようにとらえるか難しい課題が数多く残されていると考えざるを得ないのではないでしょうか。

3 認定こども園での一体化の進展

施設、職員の共用を認める

最初の話に戻りますが、昭和三八年に保育所と幼稚園は同じ教育要領に準じて教育をしていますよと、いわゆる「玉虫色の通達」を出した後、何も手を打たなかったわけではありません。しばらくはそのままでしたが、平成元年あたりから保育所と幼稚園がどうあるべきか、このままではいけないだろうという動きが再燃してきました。その背景には、少子化が進み、わが子への期待を膨らませる親が、幼い頃からいち早く賢くさせたいという欲求から、「お受験型」学力への信奉が高まったことがあります。保育所、幼稚園の二極化にとどまらず、ただ預かるだけの認可外施設や、塾のような早期教育を充実させる施設など、さまざまなものが乱立する状況に、危機感が高まったということもありました。筆者は平成六年に文部省に入りましたが、当時の厚生省と文部省との間で、年に二回の顔合わせをしていました。お互いに寄り添える部分があるだろう

かということで、文部省では当時の幼稚園課、厚生省では保育課の専門官が集まって幼保の懇談会を行っていました。その成果として平成一〇年には、幼稚園と保育所が一つの施設を共同で使ってもよいという通知(1)がされ、両者が少しずつ近づいてきました。平成一〇年の保育所保育指針と幼稚園教育要領の改訂の時から、双方ができるだけ同じような方向で書けるようにと、一部の委員が両方の検討会に出席できるようにし、「基本的なねらい」や「総則」を突き合わせるなど、少しずつ近づけるようにしてきました。

第三の施設

それでもやはり、両方の施設が必要だという考え方が強くあるものですから、一体化や、一元化は非常に難しいわけです。そこへＯＥＣＤから、就学前教育を充実させなければならない！という問題が投げかけられました。それは多種多様な就学前教育を、どう方向づけていくのかという大きな問題にもなっています。戦後約七〇年が過ぎても、子どもの問題をどこの省庁でやるのか、簡単に「子ども庁」をつくってやれるのかというと、そんな簡単にはいかないでしょう。そうすると実際に幼児のいる現場に、単線型なのか、複線型なのか、どちらがよいのかを、問わなければならないということになったのだろうと思います。そのことが平成一五年六月の閣議決定（経済財政運営と構造改革に関する基本方針二〇〇三）で、第三の道として幼児の総合施設を

つくりなさいということになったわけです。

その理念は、社会や子どもたちの変化を踏まえ、幼稚園でもない保育所でもない、両方のメリットを生かした総合的な施設をつくろうということです。従来通り幼稚園も残し、保育所も残します。しかし幼稚園でもない保育所でもない第三の総合施設を自由な発想のもとで、つくりなさいということです。これは将来的には総合施設に一本化することをねらいにしていました。

学力低下と「総合施設」誕生の関係

今もって、小学校以上では学力低下への懸念が高いものがあります。それも含めて、子どもたちをしっかり育てなければならないといわれる以上、小学校以上の基礎・基本に対して、幼稚園や保育所の教育内容は、本当に今の子どもたちの発達にふさわしいものなのでしょうか。

実は、子どもたちの育ちが悪い、悪い、といわれている中で、逆に、「よく発達しているのではないか」という見方もあるのです。子どもの育ちが悪いという理論もあれば、脳科学からみると、現代の子どもたちは非常に高い能力をもっているという指摘もあります。そのわりには幼児期の教育が、「遊び」という言い方でひとくくりにされ、精選されておらず、三歳児も四歳児も五歳児も、同じようなことを、ただ繰り返しているのではないかといわれるわけです。その批判が当たっているとも、いないともいえないところがあります。

特に就学前の五歳児は、もう少し子どもたちの教育の内容に筋立てがあってもいいのではないかという人もいます。もっと高度な子どもたちの側からの要求に、応えることができていないのではないかということです。それがないから、小学校に上がった時に、子どもたちが十分に学ぶ意欲をもっていないのではないかと問題視されているのです。

かつて、高校一年生を対象に行った文部科学省の全国学力テスト(2)の中で子どもたちの意識調査をしたところ、学ぶことに対してほとんど意欲をもっておらず、家庭で勉強する時間が五分もないという回答が四〇%を超えました。いかに学びに対して子どもたちが気力を失っているかということです。一方で、「もしこのテストをまじめにやったらできると思うか」という問いに、男子のほとんどが「できると思う」といっているわけです。本当は学んでもいいと思っているけれど、今の学びがおもしろくないとか、意欲がわかないとか、心を躍らせていないということがあるわけです。

心を躍らせていない――。その情動は、下から積み上げていくものだとすると、学びの基盤といわれている幼児期の教育の内容が、今のままでよいのだろうかということになります。そこで新たな芽としてスタートさせたのが総合施設でした。これは幼児期から小学校以上へと、発達だけでなく学びも、スムースに連続させていこうということを目指したものでした。

二元化でも一体化でもない「認定こども園」

「総合施設」のモデル実施を経て、文科省と厚労省が、少子化対策の一つとして就学前の教育・保育を一体化した「認定こども園」法を施行したのは平成一八年十月のことでした。こうした総合施設は本当に少子化の歯止めになるのか否か、ひいては幼児教育の充実、子育て支援や家族支援の豊かさにつながっていくのでしょうか。

「総合施設」から始まる「認定こども園」誕生の背景は、近年の急速な社会構造の変化により、乳幼児期の子どもに関する保育・教育に新たなニーズが求められるようになったということは、これまでも述べてきました。

今一度簡単にまとめると、①少子化により一定の子ども集団が保てなくなった。②男女共同参画社会の進展により、保護者の就労状況により利用施設が限定されているシステムが現代にマッチしなくなった。③都市化・核家族化・高齢化により、子育て家庭だけでなく地域の子育て力の低下が著しい。④キレる子、小一プロブレム等に代表される子どもたちの心の空洞化や意欲の減退が表面化している――などが挙げられます。つまり、認定こども園の法制化は、社会構造を含め、さまざまな子どもの不安状況の出現がもたらしたものといえます。ゆえに、その命題は、子どもたち一人ひとりの健全な育ちを支え、考えてほしいという切実な願いが起点となっていたはずでした。

「認定こども園」は保護者の就労の有無にかかわらず、すべての子育て家庭に対する支援を行う機能を備えるものである、と位置づけられました。そのため、子育て支援として地域の家庭で保育されている乳幼児すべてを視野に入れると共に、従来の認可を受けた公的な乳幼児施設だけでなく、地域に存在する未認定の施設も視野に入れることを必要としました。そこで、認定こども園は四つの類型に分けられ、①認可を受けた幼稚園と保育所（幼保連携型）、②認可幼稚園に認可外保育施設を併設（幼稚園型）、③認可保育所が幼稚園機能をもつ（保育所型）、④認可外保育所と認可外の幼稚園が併設（地方裁量型）、という四つの形態で実施可能とされました。

ところが、こうした認定こども園が、従来からいわれてきた「幼保一元化／一体化」であるのかと考えると、多くの方から疑問が多く寄せられました。事実、国の論戦の中でも幾人かの議員からそんな質問が挙がりました。残念ながら認定こども園は、幼・保を一元化したものではありません。幼・保の機能を生かした新たな保育システムができたに過ぎなかったのです。

認定こども園の基準は都道府県の条例で定められることになりましたが、そのモデルとなる国の基準の中で、職員配置・資格・施設整備・研修の在り方等々といった事務的な手続きの複雑さの他に、最大の課題となったのが、教育・保育課程（カリキュラム）とその内容の共通化でした。

いずれの施設に在籍しても三歳から五歳の子どもたちにコア時間として共通の教育時間が設定することになりました。が、その教育・保育内容や指導方法等については明確にしませんでした。

幼児期が、将来の人間形成の基礎を培う重要な時期であることは動かしがたい事実です。しかし、そこでの保育・教育の内容や方法が曖昧な形で残されていることは不幸なことです。そうした教育にかかわる矛盾を一身に受けるのは子どもたちだからです。その意味で、認定こども園法の制定はスタートから、期待と不安が交錯する船出だったといえるのではないでしょうか。

「認定こども園」と倉橋惣三

やや唐突なのかも知れませんが、こうした幼児教育の変革、特に保育制度や保育方法の問題が議論されるたびに倉橋惣三先生に教えを請いたくなります。

先生は、幼児教育に携わられた当初から「教育制度と方法」に研究の足場を置き、初期の小論に「幼稚園教育の根本問題は何であるかと申しますと、いろいろの重要問題がたくさんありますが、私は之を二つに分けて、教育制度上の問題と保育方法上の問題になると思います。制度上の問題としては一般教育上における幼稚園教育の意義を明らかにすること、従って現にいろいろ議論がありまする処の幼稚園の社会的機能を明らかにすることが急務であります。次に保育方法上の問題としては、フレーベルの考えは実に立派なものではありますが、時を経た今日の心理学、および教育学を基礎として考えれば、更《あらた》めもし、補《おぎな》ひもする必要のある箇所も少なくありますまい」（『婦人と子ども』第十巻明治四三年）と書かれています。

認定こども園の議論にそのまま当てはめても違和感なく読めないでしょうか。先生の保育思想は、子どもの生活を豊かにすることに軸足を置き、制度上は、幼児教育の基本を家庭教育に置きながらも、首尾一貫して「幼保一元化」を構想されていました。昭和二三年に現行の幼児教育が二元化政策を取った時も、教育刷新委員会の委員として、先生は最後まで保護と教育を統一的に捉えるべきだと主張されたのでした。しかし、当時の社会情勢の中では、幼児期の子どもたちが児童福祉法と学校教育法に分かれて在籍することはやむを得ない施策として、二元化を納得されたという逸話が残されています。しかし、倉橋先生が「いずれ、保育所と幼稚園の就学前の子どもたちの在籍率が半々になったときには、両施設が統一されることが望ましい」と述べられたことを前述しました。

今回の認定こども園の創設には、倉橋先生が予想されたように、両施設の在籍率が近づいてきていることと無関係ではありません。先生ならば、どのようなご意見、ご指導があるのでしょうか。

認定こども園の創設に込められた願いは、子どもたちに豊かな心と質の高い教育・保育を保障したいということであることを忘れてはなりません。倉橋先生は、保育者の資質として「幼児の生活の価値を知り、熱心さ、研究心、巧妙さ、熟達、基礎的な知識」が重要としながらも、最も大切なことは「心のふれあい」であると述べられています。さらに、保育方法についてふれ、往々にして「仕方、法則、方策」と言った形に陥りやすいが、幼児教育にとっての最善は、「自然な

親子関係の中にある『子どものまむき、よこ顔、うしろ姿』が大切である」（「幼児の教育」昭和一一年）と、保育者と子どもの心の関係性の有り様を挙げておられます。今一度、噛みしめて考えてみたいものです。

何もかも保育所や幼稚園で引き受けるのか

子どもの育ちや保護者のライフスタイルの変化に応じて、「認定こども園」という新しい、第三の施設が誕生したわけですが、今、改めて考えておかなければならないことは、保育士も幼稚園教諭も専門家として、どのように子育ての支援者として存在したらよいのかという点です。もちろん親と子が共に育つという形の支援もできないことはないけれど、何もかも引き受けて幼稚園や保育所がやれるかということは少し考えておかなければならないと思います。

幼稚園教育に携わっている者として考えるのは、ニーズをすべて受け入れることが幸せにつながるとは限らない。拒否していかなければならないこともあり得るということです。もちろん預かり保育もしなければいけない、子育て相談もしなければいけないのですが、すべてを抱え込むことではなく、使いやすくて便利な子育てネットワークをつくっていけばよいのです。

保育所もそうだと思います。保育所もどんなニーズにも応えていこうとしていくと、一つひとつの専門家ではない教員が大変なことになり、だれが迷惑を被るでしょうか。後々、親にも子ど

もにも迷惑がかかるし、保育者本人も疲弊し成長につながらない。やれることとやれないことを、謙虚に分けながら、周囲の人々とどう連携していくかという方法を探していかなければならないのです。連携には小学校、教育委員会、児童相談所、警察、保護司、そしてお医者様や高齢者の方など、地域のあらゆる方々とどのような形で、どういう場で、どういう時に力を貸してもらうのか、その辺が今後は大きな鍵になってくると思います。今のところ、みんなの育ちの場ですよと宣言しつつ、幼保一体化施設というものが形づくられたところまでたどり着きました。

そのような状況のときに、本書の中で何回も紹介したように、ＯＥＣＤという世界経済を担っている人たちが、「就学前教育を充実させていかなければいけない」と言っているのと同じように、日本でも就学前教育としての幼児期の教育の充実の方法を考えていかなければならないでしょう。

今までやってきた保育所、幼稚園という枠組みの中だけで一元化するだけで本当にすむのでしょうか。本当の意味で一元化できるかを考えてみる必要があるという考え方と、保育所も幼稚園もそのまま残しながら、別枠として第三の施設をつくることによって新たな幼児教育施設の展開を考えてみたらどうだろうかという提案もあるわけです。それが平成一五年六月に閣議決定された、第三の幼児教育施設の総合施設というものでした。

【注】

（1）平成一〇年に文部省と厚生省は連名で、幼稚園と保育所が施設の共用化や、職員の兼務を認める指針を出した。

（2）昭和四〇年代に、一斉に学力テストをやることで日本の子どもたちのレベルアップを図っていこうということに対して、日本全国の教師が反対しました。筆者の恩師も反対運動の中で逮捕されてしまったという経験があり、その恩師はいつも、「子どもたちを区別化するな」「輪切りにするな」ということを主張されていました。それ以来ずっと学力テストをやっていなかったわけですが、なぜか心の中に残っています。

それが子どもの育ちと学力低下が問題となり、平成一五年から全国の学力テストが再び始まりました。正直いって文科省に勧めながらも悩みました。全国一斉に小・中での学力テストをしていくことは多くの先生方に反対されるのではないかと思いました。しかし、先生方は過去の時代のようには反対されませんでした。

子どもたちの学力がどうなっているのか、知識の量だけではなく、思考力の在り方や学ぶ意欲など、さまざまな心の問題を含め自宅での勉強時間など様々な角度から測る形のテストが行われています。

結果としては、そんなに褒められることではないということが確認されつつあります。

第4章 子ども・子育て関連三法の成立

1　なぜ新たな議論が始動したのか？

「認定こども園」誕生と教育基本法改正のつながり

平成二四年八月、これまでの認定こども園法を改正し、子ども・子育て支援に関する三つの新法が成立しました。四章では、さらなる幼保一体化を模索した背景にせまってみたいと思います。

平成一八年一〇月に認定こども園法が成立した当初、国は三年間で二千件の認定を目指しました。しかし、認定こども園への移行のピッチは大変ゆっくりしたもので、その間に待機児童が社会の中で大きな問題として浮上してきました。

一方で、学力低下の問題がありました。学級崩壊、中学校での校内暴力、小学校にまで低年齢化した学級崩壊――。子どもたちはまじめに勉強するものだという古くからの日本の価値観は見事に崩れていく現状がありました。ＰＩＳＡ調査でどんどん日本の順位が下がっていく状況をみても、学力低下は明らかでした。

そこで、認定こども園法成立後の一八年に、六〇年ぶりの教育基本法改正がありました。この改訂の目玉の一つとなったのが、幼稚園を学校教育の始まりとして位置づけたことでした。ボトムアップで教育を整備し、学力向上を図ろうという意図があると同時に、幼稚園は公教育である

のに、その担い手である私立園に対して補助金を出すことは本来は憲法違反でした。そのジレンマを解消するためにも、幼稚園を学校教育の始まりに位置づける必要があったのです。

学力低下の問題ですが、その根本原因として幼児期の教育が幼保別々であることが、いつも根本原因に挙がっていました。幼児期の教育を問い直すために、幼保を一体化した認定こども園をつくり、学校教育全体を新たに構築していこうということで、教育基本法を改正した流れがあります。この時、幼児教育の問題も、特別支援教育の問題も、教育基本法の中に入れ込んで、国の責務と明記したことは画期的でした。その時、教育の第一義的責任は家庭にあるとしながらも、家庭教育も教育基本法の中に入れて、国がカバーしようということにしたことも重大なことでした。家庭教育も国が責任をもってやらなければならないということを、教育基本法に明記したわけです。つまり、公教育である幼稚園は、公的補助を受ける責務として、きちんと家庭教育支援もやっていかなければならないということを、根本の法律で明確にしたのです。その際、幼児教育の関係者にはあまり重い法律として認識されていなかったかもしれませんが、今後の幼児教育を論じていくうえでは重大なことでした。

「無償化」転じて「新システム」

幼保を一体化した新しい幼児教育施設の誕生と、教育基本法改正という大きな変革期に、政権

が自民党から民主党に変わったことも、一つの時代のうねりでした、民主党政権にならなかったら、幼保の一元化をもくろんだ「子ども・子育て新システム」という発想は出てこなかったのではないかと思います。

自民党政権は幼稚園、保育所、認定こども園の三形態を充実させつつ、幼児期の保育料の無償化を考えていました。また、教育基本法改正によって幼児期の教育の国の責務を明確にしました。国がその責務を果たさなければならないのであれば、無償化という手段で若年層の保護者をカバーしようとしたわけです。実はこの頃、ヨーロッパの国々が無償化を進めていて、文部科学省の有能な若手職員がフランスやイギリス、ドイツなど幼児教育の先進各国へと派遣され、水面下で調査研究が進んでいました。経済協力開発機構（ＯＥＣＤ）が「スターティング・ストロング（始まりこそ力強く）」の中で、幼児期への公的投資がその後の社会支出を抑えることを全世界へと発信したことも、無償化を強力に後押ししていました。平成一九年には、文部科学省の調査研究協力者会議が、三、四、五歳児を段階的に無償化にするべき、という報告書をまとめる準備が整ったところで政権が変わりました。時代の流れですね。

政権が変わると、前政権と同じことには躊躇します。民主党政権は、幼児教育無償化のための財源を高校無償化へとつけ替え、ずっと前からくすぶっていた幼保一体化の問題にメスを入れようということで動き出しました。それが「子ども・子育て新システム」として平成二二年から約

二年間にわたり議論されていくことになりました。

2　一元化と一体化

一元化と一体化の違いは?

私もメンバーだった検討会で初めからひっかかったのが、幼保〝一体化〟と〝一元化〟の問題でした。一体化は幼稚園と保育所という別々の制度・形態は生かしつつ、施設や生活の場、共通時間のカリキュラムなどを社会の実情に合わせて一つにしていきましょうということですが、一元化は違います。しかし、民主党政権の下で開かれた新システムの検討会では、初期のころから「一元化」を目指すという前提で話が進んでいきました。

新システムの最初の検討会で「一元化」と提案されてしまって、一元化の方法論でどれを選んだらいいかと検討委員会の当初から五種類が提示されたのです。幼稚園そのものは誰もが入れるもので、保育所は法的根拠に基づいて入所が可能となる施設です。世界中をみても、この垣根を取り払って一元化している国は見当たりません。日本では、そこの垣根をできるかぎり低くし、社会の実情に合わせた第三の施設として「認定こども園」という新制度をつくってきましたが、

なかなかそれが受け入れられなかった。こうした本当の実態を知らない保護者は、「政権が変わって、待機児童問題が解決するなら一元化すればいいじゃないか」と歓迎してしまったふしもありました。

一元化という形で基盤になる補助金だけが一つになって、三、四、五歳児の保育が、「学校教育」としてひとつの形になれば良いと思います。もちろん、事務局も「〇歳から預けるタイプも、三歳から預けて午後は家庭に帰るタイプも各家庭が選択できる」と説明しました。

けれど、詳細な制度設計をしていくとそうはなっていなかったのです。三歳以下の施設保育に公的な財政支援をしていけば、受け取る施設も低年齢児を集めようとしていきます。保護者の側も、家庭で育てるよりも補助が厚いのであれば、そちらを選ぶようになるのが自然な流れでしょう。

保育所・幼稚園・認定こども園の三類型があることが、ある種の理想の形なのに、保護者にとって「一元化」と「一体化」の違いが分からないものだから、まるで従来の社会主義国のように、すべての子どもが同じ場所に通うことがよいことのように想像していたのではないでしょうか。でも、自由主義国は各家庭が責任をもって、子どもが通う施設を選択する自由があるべきです。子どもの成長が一番おもしろい時期に一緒に過ごしたい人も尊重し、子どもがいても外で働ける人も尊重できる。選択できることが豊かな社会です。「一元化」することで、子どもと一緒に育っていく姿を楽しみたいと思っている人がいても、すべての人が働きに出ることが美しいこ

とのような社会的価値観が、次第につくられていくことに、正直、危機感をおぼえました。

どの施設を選んでも同じように健やかに育つことが「一体化」です。新システムの議論の過程では、全員が同じ所に入れたら安心というイメージばかりで「一元化」を目指していました。今になって思えば、保育所と幼稚園という二元化だけでは理解されにくいので、認定こども園という、幼稚園でも保育所でもない施設を作ってみたけれど、それでも増えなかったのは、保護者が理解しづらい施設だと考え、選ばなかったからではないかと思っています。

「キブツ」の保育

保護者の選択の余地のない子育て制度として、かつて話題になったのがイスラエルのキブツの保育です。自由主義国のイスラエルの中には、キブツという職業集団があります。キブツでは夫婦で農業などの仕事に就き、みんなが同じ食堂で食べ、同じだけの賃金を得て、子どもができれば生後一週間ほどで専門の保育所に預けるという、徹底して平等を目指す集団でした。

子どもは食事や午睡の時などわずかな時間だけ親と過ごせますが、それ以外は夜も親と離れて、施設で専門の保育者によって養育されていきます。プロが育ててくれるわけですから、かつては理想的だとして、各国から視察団が訪れたものでした。しかし結局、この保育制度は内部の両親からの不満によって、変えざるをえなくなりました。「自分の子どもは自分の手で育てたい」

という保護者の声が大きくなったことと、子どもたちの育ちに異変が起こったことが原因でした。成長した子どもたちから、「二度と農場に帰りたくない」という意見が出たり、爪を噛むなど精神的に不安を訴える子どもたちが多く出現した記録もあります。そこでキブツの中の会議によって、幼い時は家庭で育ててもよいということになったのです。

同じように、必ず家庭で育てなければならないと決めつけるのも問題がありますが、選択の余地があるのが民主的な自由な社会です。キブツのように全員が同じシステムの中で育てることの失敗例から学ばなければならないことがまだまだあると思います。極端に言えば一元化とは、そういう危険性をはらんでいるということです。

まぼろしとなった「総合施設」

新システムの検討会では国会への法案提出まで一貫して、保育所は乳児保育所を除いてすべて「総合こども園」に移行することを前提に話が進みました。幼稚園も財政誘導によって、長時間開所する「総合こども園」の拡大を目指すとして、一体化ではなく一元化へと進んでいました。検討の過程では、「十年後に幼稚園を廃止」と報道されたり、私立幼稚園への私学助成を撤廃するといった案が出るなど、明らかに短時間開所の幼稚園を新制度から締め出す形で進んでいるようにみえました。

今なぜ、この本を出そうと思ったかというと、研究者として二〇年、行政人として二〇年を務め、それぞれの責務の中で子どもの側に立とうとすると、保育所も、幼稚園も、認定こども園も「必要」だという結論に行き着いたのです。みなさんも子どもの側に立って考えてみてほしいと思ったのです。

そうこうしているうちにドイツが昨年（平成二四年）、保育所や幼稚園に加えて、こども園タイプの施設をスタートさせました。先進各国が男女参画型社会になるにつれ、さまざまな働き方が出てくる中で、世界の趨勢として就学前の子どもたちが通う施設は3タイプになっています。そして保護者はそのどれを選択するかを選び、国が支える。そういった流れにある中で、日本は少し進む方向を誤っているのではないかと違和感をおぼえました。

新システムはなぜ修正されたのか

保育所・幼稚園の機能を併せもつ「総合こども園」の創設を柱とした新システム法案から、従来通りの幼稚園・保育所を残しつつ財政支援や所管の窓口を一本化した「認定こども園」の拡充を基本とする「子ども・子育て関連三法」へ、二年近く議論された法案がなぜ、この短い期間に修正されなければならなかったのでしょうか。

端的に考えるならば、男女参画型など多様な社会の中にあっても、子ども・子育て支援のため

には、家庭はもちろん幼稚園、保育所、認定こども園という異なった機能と施設の存在は不可欠であり、それぞれの違った施設と機能を、保護者が自分たちのライフスタイルに合わせて自由に選択することが大切だという原点を多くの方たちが再確認したからでしょう。さらに、その選択を支えてきた幼稚園、保育所関係者の努力が認められたのだととらえてよいと思います。

当初、提起された「総合施設」創設の意図は、制度的に異なる保育所と幼稚園の壁を乗り越え、保育所の保育機能と幼稚園の教育機能を融合させ両者の共通部分を生かしていこうとする考え方でした。幼稚園と保育所の施設統合の色合いが強く、各々の乳幼児教育施設が培ってきた機能や施設の役割を無視した「総合施設」が提案されていました。

そのため検討会議が進むにつれて、従来から論議されてきた所管だけを一元化するべきだととらえる向きになってきました。そもそも、新システムの検討会議が集められた目的は、保育所と幼稚園に在籍する子どもの問題だけなく、現在三歳児未満児の七割を占める、家庭で子育てをする保護者への支援も含めて考えるというものでした。しかし「総合施設」の創設ばかりが議論の中心となり、これでは論議以前の問題だという冷めた見方が、委員の中でも、国会議員の中にもみられました。

結局、衆議院での採決前夜に、三党合意がなされ「子ども・子育て関連法案」の成立となり、大きなポイントは、結局、従来のまま「認定こども園」の拡充によって幼保一体化を進めること

に帰結しました。その他に、①認定こども園、幼稚園、保育所を通じた共通の給付（施設型給付）及び、小規模保育等への給付（地域型保育給付）を創設する、②地域の子ども・子育て支援のための所要の措置を講ずる――などを主目的とすることがうたわれました。つまり、新システムの検討会議が召集された当初の本題に沿った形に戻り、修正動議案が短期間に合議に至ったことは当然の帰結だったのです。

３　子ども・子育て関連三法の成立

急場づくりの土台への不安

結局、平成二四年、新システムは国会審議の中でくつがえり、民主、自民、公明の三党合意によって「総合こども園」の設立は幻となり、従来の「認定こども園」での幼保一体化の拡充を目指すことになりました。補助金は公立の保育所や認定こども園には、「施設型給付」として一つの財布からおりることになり、民間保育所は従来のまま、措置として運営費を受け取る形で決着しました。「子ども・子育て新システム」という法案名も消え、通称「子ども・子育て関連三法」として成立しました。

すべて収まるところに収まって成立したように見えますが、これまで所管する役所も教育内容も保育者養成も補助金も違っていたところを、きっちりと一つに固めず、急場づくりで成立させてしまった一体化の制度です。平成二五年現在、果たして本当に実現できるのか？という問題になっています。国や地方に「子ども・子育て会議」ができて、話し合いを重ねてはいるものの、平成二七年度までと期限を切っているうえに、認定こども園に移行しなければ新たな財政支援はあげないよ、ということになっている。保護者も、どこに入れたら有利なのかがわからないままで、子どもの幸せを願うよりも、損か特かという見方しかできないでいるのではないでしょうか。

公平性を大事にしてきた日本の教育界の歴史上、結論ありきで進む改革は珍しいと思います。文部科学省が弱くなった証拠かもしれません。これまでは学習指導要領など法律・法令が変わっても、日本中の津々浦々まで同じレベルの教育を保証したうえで、選択の余地を残して、実践の場へ移してきました。何もつくらないでただ新たな認定こども園法を成立させて、移行を推進するという言い方にしていることが気にかかります。

選択を迫られる幼稚園

「認定こども園」制度の拡充による幼保一体化の新制度が成立しても、制度は根本的に一つの型を目指す設計になっていることに、気づかれますか？　幼稚園は幼保連携型認定こども園に移

行すれば、満額の施設型給付をもらえますが、幼稚園型認定こども園であれば、預かり保育の時間は、保育の必要性が認定されない子どもを預かるわけですから公的な補助金の対象外となります。では、長時間開所をうたい、幼保連携型認定こども園に移行することにすれば、応諾義務が課されます。園の方針で三歳未満児を受け入れないことにしたくても、入園希望があれば応諾義務によって「ノー」とはいえないのです。国レベルでは、認定こども園に三歳未満児の受け入れを義務づけていませんが、〇、一、二歳児保育の供給量を増やしたい市町村が、未満児の受け入れを拒否するような園に、連携型での認可を出すとも考えづらいことです。しかし、建学の精神を重んじて幼稚園のままで残り、従来の私学助成だけで運営を続けることは、少子化傾向に歯止めがかからない今、逆に勇気のいる決断なのかもしれません。

これは都市部の問題だけでなく、地方になると幼稚園と保育所の両方の機能をきっちりもっている一つの施設がとても大事になります。保育所もあって、幼稚園もあって、認定こども園もきちんとあり、保護者が選択できるようにしなければ、幼稚園という所でゆったりと過ごしたいという保護者の希望をどう保っていけるのか心配です。各地域の話し合いの中で、この町では「幼稚園が必要だ」「保育所だけでいい」「認定こども園も必要だ」と、一つないし二つを選択する場合もあり得ると思います。選択の余地がない地域での子育ては、とても苦しいものとなります。

土台のない制度改革に思う

「子ども・子育て新システム会議」が設けられた背景には、乳幼児期を含め子どもたちの「育ちの変化」と「家庭崩壊・地域崩壊」という現実がありました。修正して成立した新制度の中でも、「子どもを社会全体で育てていく」とうたっています。さらに養護と教育を一体化した「質の高い乳幼児期の保育・教育」の実現が最も重要だとされました。たしかに制度化も重要なことですが、従来から求められている保育者の資質や専門性をその人の努力だけでどうにかしようと期待するのではなく、具体的な研修や時間の確保、それに見合う評価の在り方など、真のプロとしての保育士・教師の再構築を急がなければならないのではないでしょうか。

一連の一体化議論の中で、唯一よかった点は、幼児期の教育に関心が高まったことでしょう。保護者にとっても、どう子どもを育てたらいいのかを考えるきっかけが突きつけられました。しかし、本当の選択社会になっているということはみえてきません。保育所と幼稚園と認定こども園の三つのうち、どれを選ぶべきか悩んでいる人がいるのかもしれませんが、本質論に行き着かないので、生き残り策ばかりしか出てこないというデメリットが生まれています。一つの枠を用意して、ここに入ってきたら「うまくいく」と簡略化した形のアピールだけになっている危惧があります。

それは子ども・子育て関連三法の行く末が明確にみえていないことにも原因があります。消費

税が施行されたらどうか、必要経費の一兆円超の財源をどう確保するのか、明確な答えがみえないために、よくも悪くも、何もいえない。大きな袋に入れ込むのでなく、土台の議論をきちんとしたうえで新制度を設計するべきだったと、悔やみきれません。

施設型給付や私学助成の単価が決められて、保育料が平等になるといわれていますが、単価が明らかになれば前の方がよかったという人や、喜ぶ人などいろいろと出てくると思います。みんながこうした財政支援の詳細が明らかになる時期を待っています。しかし、そういう議論はおかしい。本当は教育内容、所管の問題、教員養成など土台の議論をみんなでして、待機児童の問題の解決を探り、三つの施設をどう選択するのかを考えていくべきだと思っています。土台の議論は一歩も進まなかったことは、残念なことです。

第5章　これからの幼児教育

1　幼児期の「遊び」と「学び」

「遊び」だけでよいのか？

二一世紀の幼稚園、幼児期の教育というのは、ずっと将来を見通して、生きる力としての学びや、心を豊かにしていくということをどうしていくのかということが確立されていなければならないことはいうまでもありません。そのように考えると、逆説的ですが、幼児教育では「遊びを通して学習していく」といういい方の中で、学びということに対して少し甘かったのではないでしょうか。

〇歳から六歳までの成長過程にあって、本当に子どもたちは生きる力の基盤を身につけているでしょうか。幼児期から児童期へと移行する期間の教育に対して、幼児教育が独自性を主張しすぎてきた部分も多いのではないでしょうか。決して今、いっていることとは小学校教育を、幼児期におろして早期に実施してほしいということではありません。将来を見通して、学ぶということに対する真摯な気持ちで、幼児期のカリキュラムがもう少し充実してもよかったのではないでしょうか。遊びという名の下で、三歳も四歳も五歳も毎年同じことばかり繰り返していたこともあったのではないでしょうか。

もちろん、従来の一斉教育を賛美するつもりはありません。従来の一斉教育は単元活動であって、小学校の教育を下におろすという考え方がありました。そこに戻ったのでは何の意味もないと思います。一斉にまとまった指導や教育をしていることは、決して悪いことではありません。それを「一斉か、自由か」といういい方でくくってきたことが、間違いだったと思うのです。本当の意味で、子どもたちが幼児期から児童期にかけて学ばなければならないもの、体験しなければならなかったものを、今一歩幼児期のカリキュラムの中でみえる形にすべきであったと思います。それを発達に即した計画性もなく、三年間、同じことを繰り返してしまっているところがあるということに危機感をもっているのです。

遊びを通した学習

本来、学びの基盤とは人間が人間らしくあることでしょう。ところが、今、話題となっている学びの問題は、残念ながら「知識、暗記、画一、依存、受動、競争」という言葉で表されるものばかりで、子どもを単に知識の集合体でしかない世界に閉じ込めるだけのものになっています。これでは人としての真の学びの基盤とはならないのではないでしょうか。人間が人間らしくあるということは「自由である」ことが基調です。このことを具現化するには「体験、思考、自主、創造、個性、協同」という言葉で組み立てられるものにならなければなりません。この言葉

がそのまま、子どもたちの世界の中で生かされている活動として何をイメージできるでしょうか。それは、「遊び」です。

子どもたちの遊びは、本質的に自由で自主的な活動と言えます。遊びが成立する時、人間は人間として自由になっているのではないでしょうか。また、遊びが成立している時には、単に自由で自主的であるだけでなく、子どもたちはまず自分の手や身体を思いきり使うことによって楽しみます。こうした遊びを通して子どもたちは失敗や成功を体験し、時には友だちと考えを出し合い、時に協同してさまざまな工夫をしていきます。この過程こそが幼児期にとっての「学び」といえるのです。遊びが深まれば、さらに熱中して、いっそう深く集中していきます。しかも、子どもたちは、その中で喜びと楽しみを体感し、満足感・充実感さえも味わっていきます。こうしたプロセスを「遊びを通して学習する」と幼稚園教育要領・保育所保育指針では説明しています。これが、幼児期の「学び」なのです。

学びの基盤喪失

ところが、保育所・幼稚園内においても子どもたちが遊ばなくなったとか、遊びへの意欲が希薄になっているといった言葉を聞き始めて十数年が過ぎようとしています。子どもたちは、社会や家庭の生産構造の変化によって家事や農耕などの生産活動から隔離され、情報化や都市化の波

によって自然環境からも遠ざけられています。さらに遊び場を失い、少子化によって仲間関係も奪われ、コンピュータゲームなどの機械を相手に、遊びの内容さえも変えざるを得ない状況を余儀なくされています。その結果は、従来からの遊びだけでなく、人間関係をも忌避するという現象がみえてきました。

こうした現象が保育所・幼稚園へも波及してきているということは、人間の基盤としての諸能力、言い換えるなら、真の「学び」の獲得をも逃避していくことになっているのです。現代の子どもたちは遊びを通して身につける、人間的な諸能力を獲得できないまま育っていきます。すると、モノの世界を知ることができません。子どもたちは自分の目で見て、肌で触れ、手でつかむなど、身体全体を使って具体的に事物を体験することで、はじめて対象を理解するという特性をもっています。そうした具体的な体験を基盤として、宇宙の原理や法則といった抽象概念を形成することができるのです。

つまり、人間としての必要な能力を獲得するためには、こうしたモノの世界を知るという具体的な体験をすることなしには成立しません。具体的な体験とは、それが子どもの生活の中に内在されなければなりません。子どもたちは、生活、すなわち生きていることにかかわっているという実感のないものは、一過性の刺激として切り捨ててしまいます。その意味で、子どもたちの遊びの喪失は学びの基盤を失いつつあることを知らなければなりません。

かつては、地域に子どもたちが溢れ、自然の豊かさと共に仲間集団が形成され、異年齢の子どもたちで遊びが充実していました。そこでは、年齢を超えた仲間と競って、山や川で泳いだり、魚を追ったり、原っぱを駆け回り、時には大人の目をかすめて少々の悪さをやってみる――それらは、時に危険な状況、あるいは何がしかの障害を越えて味わう冒険でもありました。だから「やった！」と躍り上がることもあるかわり、キズだらけになったり、あるいは年上の先輩から叱りとばされたり等の失敗も経験しました。そうした全力をぶつける体験を繰り返しながら、寒さ、暑さ、雨、風、草、虫などの自然を体感し、ケンカして一人で帰るわびしさ、仲間はずれのくやしさ、そうした感情の種々相も味わえたのです。よほどのことがないかぎり、陽が沈んで「カラスが鳴くからかえろう」という声があがるまで、毎日がこの繰り返しだったのです。少子化になった今、私たちのまわりにいる子どもたちは、どのような毎日を過ごしているのでしょうか。

内と外、働きかけのバランス

人間は、他の生き物と違って自分で生きていくためにいろいろのことを学ばなければなりません。なぜなら、生まれた時の脳の発達が他の生き物に比べて非常に未熟だからです。他の生き物は、生まれた時体はまだ小さいのですが、脳はほとんど大人と同じくらいに成熟して生まれてくるといわれています。そのかわり、何十年経っても犬は同じ生き方を繰り返すことになります。つま

り、犬はどんな環境に育っても犬として生きていけるようになっているようですが、それは、与えられた本能によって生きていると考えてよいと思います。したがって、犬にとっては特別な学びというか学習はいらないことになります。犬が何らかの芸を覚えることがありますが、それは犬が生きるためにというより人間の都合で覚えさせられているだけで、犬自身が犬として生きるために必要感があって覚えるわけではないと思います。

ところが、私たち人間はそうはいきません。生まれた時は何もできません。だから、人間の脳は生まれた時は白紙のようなもので、そのうえにどんなことでも書くことができると考えた研究者がいます。しかし、三歳くらいになると、日常生活の中での言葉をほとんど不自由しないくらいに覚えてしまいます。さらに、積み木遊びでさまざまなモノをつくったり、砂場で穴を掘ったり、水を流すこともできるようになります。これといった特別なことをさせたつもりもないのに、生まれた時のことを考えればずいぶんいろいろなことができるようになります。三歳くらいで、もうすっかりその子らしい個性というか、性格なども表れてきます。

こうしたことから、本来、人間の内側に備わった能力が自然と育ってくるのではないかと考える研究者もいます。たしかに、子どもは自然にいつのまにか言葉を使い始めます。

しかし、日本で生活している子どもは日本語を話すようになり、日本人の子どもでもアメリカで暮らしていればアメリカ語を話すようになります。言い換えれば、覚える中味は外から与えら

れたものだということになります。つまり、人間がよりよく学び、学習していくためには、こうした内から働きかける力と、外から与えられる力とが絡み合って成り立つものだということができるでしょう。

ところが、こうした内と外の絡みと学びや学習との関係で興味深いことがあります。たとえば、早く覚えさせようと思って教えることは、なかなか覚えてくれないにもかかわらず、覚えてほしくないようなことはすぐに覚えてしまう、といった経験は誰にもあるのではないでしょうか。こうした現象は、同じような外からの働きかけをしても、内からの働きかけは同じとは限らないことを示しています。つまり、内からの働きかけが活発であるほどよく覚える、言い換えれば、内なる働きかけが活発になれば外の働きかけもよりよく働くということになるのではないでしょうか。こうした関係が学びの芽生え、学び、学習の概念分けや意味づけに応用されているのです。

内発的な動機の掘り起こし

幼児期の教育は遊びを通して学習することを命題にしていますが、その学習に至る過程を通して遊びを前提とした学びの芽生えの時期、学びの時期を経ることを大切にしています。つまり、幼稚園や保育園では三歳の入園時期を学びの芽生え期として、一人ひとりの内側にある内発的な動機の掘り起こしを大切にしています。内発的動機とは、驚く力、疑問に思う力、感動する力等々

を意味します。こうした内発的な動機の掘り起こしと共に、四歳頃になると何にでも興味・関心を示すような意欲を掘り起こす、知的好奇心や探求心を内から揺さぶるような保育内容を中心とした遊びを大切にします。そして、五歳を迎えると幼児期から児童期への中間期として外からの働きかけも必要となり、内からの働きかけを生かして外の働きかけをすることによって、友だちの存在がより大切なものとなり、友だちの考えやアイデアを真似したり、自分流に取り入れたり、協同的な活動を通して学習の基礎・基本につなげることを大切にしています。

遊びを通して学習するとは、まさにこうした過程をきちんと位置づけることを意味しているのです。単に、遊ばせておけば学びや学習が成立するのではありません。基本的には計画的な環境の構成によって学びや学習がそうした環境の中に埋め込まれ、位置づけられなければ幼児期の教育とはいえないのです。なぜなら、子どもは大人になるまでには多くのことを学び、学習しなければ自分で生きていくことができないことだけは間違いないからです。

しかし、こうした幼児期の学びそのものが、幼児期以後の児童期、青年期、成年期はもちろん、人間としての一生の学びの基盤になっていることが、保護者だけでなく、ときに、小学校以上の教師にも伝わっていない（というより、むしろ誤解されている）のが現実ではないでしょうか。

たとえば、卒園式などでよくみられるのは「幼稚園では、本当にたくさん遊ばせていただきました。小学校に行ったら、これではいけないので、心を入れ替えて、しっかり、学ばせたいと考

えています」と、遊びと学びを分離してとらえている光景です。この遊びと学びを分離してとらえる誤解の究極は、遊びを悪、学びを良として考えることでしょう。こうした誤解のうえに成り立つ学びは、遊びに染まらないうちに少しでも早く身につけさせなければ、と「誤った早期教育」に子どもたちを追い込み、小学校段階になった時には学びへの意欲だけでなく、何もしたくないという不定愁訴症候群の出現に繋がっていくこともあります。

こうした子どもたちの多くが、兄弟姉妹の少ない家庭に多くなってきていることが問題なのです。少子化が問題になる以前には、社会性をはじめ、子ども同士が自然と学び会える協同的な遊びが家庭内で成立しがたくなってきているのです。つまり、現在の少子化は、幼児期教育だけでなく、子どもの学びにも大きな陰を落としているのです。

2　独自の教育機関

学校教育法の中の幼稚園

日本の就学前教育は、複線化された時に幼稚園が学校教育法第一条、学校教育の枠組みの中に位置づきました（学校教育法第一条　［学校の範囲］として、学校とは、小学校、中学校、高等学校、

〈中略〉及び幼稚園とする）。最初は、幼稚園というより「幼児学校、小学校、中学校、高校及び大学を指す」という草稿論文だったと聞いています。

これは坂元彦太郎先生のお話の中にあったのですが、幼児学校を最初に置くのはどうかという問題と、もう一つは、発達を考えた時に幼児期が本当に学校としてふさわしいかどうかということについては、まだまだ議論の余地があるということでした。小学校・中学校では、適切な教育を施す、いわゆる「普通教育を施す」（同第一七条、三十五条）と書かれていますが、幼稚園教育の場合は「適当な環境を与えて幼児の心身の発達を助長すること」（同第七十七条）というのが目的です。

小学校以上は「普通教育を施す」ということですから、そのことから考えてみても発達上できっちり分かれるわけではないのですが、小学校以上は教科書を中心として教科の目標をはっきり立てて、学校教育として適切な時間配分をしていくという教育が従来からも行われてきたし、今後も行われるであろうと考えられます。

しかし、幼稚園教育も明治九年以来ずっと、「みなし学校」として続いてきました。この幼稚園教育を学校教育法の中に入れていくことは、ありがたいけれども、漠然と小学校教育と同じような並びで考えていくと、本当の意味で、子どもたちの発達や子どもたちの生活が支えられるかという点については、やはり疑問が残ります。小学校教育と幼稚園教育の目的が違うように、普

通教育と幼児教育は、考え方としては相いれないところがあります。だから学校教育法を作成する議論の中で、「幼児学校」という名も取って、幼稚園という独特の名前を残した歴史があります。そのため、「小学校、中学校、高等学校、大学、……及び幼稚園とする」というように、学校教育法第一条の「学校の範囲」を、小学校から始めたことは大きな意味をもつものでした。

法律に守られてきた独自性

これはある意味で、幼稚園が子どもの側に立った形です。もちろん小学校以上が子どもの立場に立っていないというわけではありませんが、ある意味で大人の期待に応えて、きっちりとした普通教育を施すことによってさまざまな知的なものを身につけていきます。法律上でも、小学校以上は学年制を敷くことを基本に置いています。

それに対して幼児期は、発達が行ったり来たりしており、明確に小学校教育の一年、二年、三年生というふうに分けていくことがふさわしくないのではないかという議論がありました。そこで幼稚園は、必ずしも学年制が基本ではなく、混合クラスになってもよいという考え方をとっており、学校教育法は非常に上手に、小学校以上にかかわる細々とした説明と、幼稚園教育に対しての微妙な違いを法的にも置いてきました。こうした法的な書き分けでも、幼稚園教育は独自性を守り続けてきた部分もあるし、発展を少し押しとどめた部分もあったかもしれません。

しかし、社会の変化による教育改革は、それ自体が学力低下の要因のひとつとみて、教育基本法の改正へと踏み込んでいったのです。

教育基本法はなぜ幼児期に言及したのか

教育基本法は我が国のすべての教育法規の根本です。基本理念から、義務教育の無償化や機会均等などを定めており、制定から六〇年間、改正されませんでした。それが改正されることになったのは平成一八年一二月のことでした。その前年、一七年一月に、中央教育審議会が「子どもを取り巻く環境の変化を踏まえた今後の幼児教育の在り方について」という、はじめて幼児教育に焦点を当てた答申を出し、とても注目されましたま（本書の中でも既に述べていますが）。

つまり、教育基本法改正の理由には、制定から半世紀以上が経ち、社会生活も閉鎖型管理社会から開放型情報社会へと進展し、教育を取り巻く環境が大きく変わってきたことが根本にあります。急激に成熟社会を迎えたことで子どものモラルや学ぶ意欲、家庭や地域の教育力が低下した状況を打開するために、教育の根本に遡って改革が求められたからです。そこに、全国学力調査にみられる小・中学生の学力低下の問題があり、その原因が小学校低学年の学習意欲の低下であるとみられ、幼児期からの教育の在り方が強く問われたことになったのです。

そこでこの六〇年ぶりの改正によってはじめて、これまで教育基本法の条文の中では言及のな

かった幼児教育について、第十一条に「幼児期の教育は、生涯にわたる人格形成の基礎を培う重要なものであることにかんがみ、国及び地方公共団体は、幼児の健やかな成長に資する良好な環境の整備その他適当な方法によって、その振興に努めなければならない」と明文化されました。さらに翌年の平成一九年には学校教育法が改訂され、従来は、小学校から始まっていた学校の規定順の一番最初に幼稚園が位置づけられることになりました。この規定順の改訂により、小学校教育との連携を従来以上に強調されました。

このとき、幼児教育の独自性が薄まり、学校教育の前倒しを求められることになるのではないかと危惧する声が多く巻き起こりました。しかし幸いなことに、学校教育法の中で幼児教育の基本理念である「幼児を保育し、幼児の健やかな成長のために適当な環境を与えて、その心身の発達を助長することを目的とする」（第二十二条）という文言は、従来の幼児教育の特徴を最も具現化し、独自性を表すものとして残され、生かされたのです。一見、教育的にはふさわしくないと思われる「適当な環境」という文言が幼児教育を最も特徴づけるものとして、大切にされたということは、多くの人に知ってほしいことだと思います。

3　小学校とのつながり

誤解がつくるギャップ

例年、保育所・幼稚園で二学期末から三学期の修了にかけて、年長組の教師を中心に話題になるのは、小学校への橋渡し（接続）のことです。そこでは、保育所・幼稚園での保育・教育が小学校の先生方に理解されていないことへの不満から始まるようです。小学校と同じ敷地内に幼稚園があるような地域でも、職員室が隣り合わせの園であっても、不思議なことに同じような話題になるようです。このことは裏を返せば、小学校の側でも同様のことが話題になっているのではないでしょうか。

さらに、ここ十数年、小学校高学年で起こっていた学級崩壊が低学年でも起きているとして、「小一プロブレム」などとマスコミが報じるようになっています。これでは、お互いに虚しい思いになるだけでなく、保護者をも不安にさせ、何の責任もない子どもたちにも迷惑がかかることになります。

三学期に入ると、保育所・幼稚園では「学校ごっこ」を楽しむ姿を何度となくみかけます。そこでは、児童役の幼児が鉛筆を持ち、小学校の教師役を務める幼児は、なぜかメガネをかけ「で

きましたか？　できない人は、立っていなさい」などと遊んでいます。また、幼児に「小学校ってどんなところ？」と尋ねると、まず十人中八、九人は「勉強するところ」と答えます。もちろん、このような風景が小学校の生活にまったくないとはいえませんが、幼児のもつ小学校へのイメージは、どのようにしてつくられているのでしょうか。

幼児が小学校生活を体験することを考えてみると、最近、盛んになってきている生活科の授業で一緒に活動したり、運動会に招かれたり、といった機会で、多くて年数回のことでしょう。幼児がもつ学校へのイメージは、幼児自身の体験からというより、おそらく多くは教師や保護者の話などからきているのではないでしょうか。

心理的な距離と学力への不安

この光景をみると、幼稚園と小学校の接続に関して物理的には最も近い位置にありながら、心理的には遠い距離を感じます。もちろん、この心理的距離を「悪いこと」と決めつけているのではありません。幼児教育と小学校教育のあるべき段差という意味では、むしろ「よいこと」ととらえなければならないのかもしれません。なぜなら、たしかに幼児教育と小学校教育との間には、入学という具体的な機会を境にした、成長における非連続性と連続性という通過儀礼的な形式による段差が必要だからです。つまり、保育所・幼稚園と小学校との間には、お互いに独自の教育

機関として、幼児期は幼児期として完結した教育、児童期は児童期として完結した教育として認識し、両者がその教育の目的を理解し合い、尊重することが大切だからです。幼児の側には、小学生としての自覚というか覚悟は、いよいよ新しい生活が始まるのだという期待によるところが大きいでしょう。そしてこのことが、何にもまして一年生の学習の大きな動機づけになるに違いありません。しかし、幼児期と児童期の発達が連続しているために物理的に近さを感じ、保育・教育内容を連続させなければならないと具体的な形で接続させたいとの思いが強すぎて、結果として逆の事態がお互いの中にできあがっているとしたら不幸なことではないでしょうか。

受験学力観の再登場

ご承知の通り、生涯教育社会を迎え、学力観の転換によって幼児期から児童期だけでなく青年期までを通して、「生きる力」を育成することが学校教育の中心になりました。ところが相変わらず、学力観が知識中心におかれ、それも「できる、できない」という一人ひとりの発達を輪切りにした見方から脱却できていないのが現状です。幼児期に育てた一人ひとりの発達の過程を大切にした学力観の定着・促進のために、小学校に生活科や総合学習の時間が設けられたことも生かされていません。これでは、幼・小の交流・接続がスムースにいくはずもなく、かけ声だけで終わる可能性もあります。

ところが、かけ声どころかこうした迷った状況がゆとりをもって一人ひとりの生き方の確立を目指した学力観の転換が、子どもたちを真に生かしていないのでは、という声と共に従来の受験学力観が再び登場するような雰囲気が学校現場に戻ってこようとしています。

子どもたちの学力低下が声高にいわれるようになってきたのです。その結果が、世界トップレベルの義務教育の質の保証という問題です。そこには、急速に変化する社会に即応しつつ、一定水準の教育を等しく受けることができるよう、憲法に定められた教育の機会均等や水準確保などの国の義務を果たすため、新たな義務教育の質を保証する仕組みを構築することが求められているのです。

質の保証については、まったく異論はないのですが、その方法としてすべての児童生徒の学習到達度を把握することが必要なのでしょうか。一人ひとりの生き方には、急ぐ子ども、ゆっくりいく子ども、一人ひとり個性があって違いがあるはずです。その違いを受け入れながら一人ひとりが一人ひとりであってよいという安定した人間関係を構築するのが教育の大切な役割です。

もちろん、子どもたち一人ひとりの学習到達度を把握し、それを生かすことは確かな学力のためには欠かすことができないものであることはいうまでもありません。心配なのは、その調査結果を活用した検証サイクル確立が重要なのです。そのサイクルには一人ひとりが一人ひとりであってよいという、生きる力が受け入れられることによって子どもの教育がみえることです。こう

した検証のサイクルがみえないままに、点数という学力だけが一人歩きしたとしたら、その最大の犠牲者は子どもであり、保護者です。こうした犠牲者が払拭されないかぎり、真の少子化は止まらないのではないでしょうか。その保証のないままに事だけが進むと、子どもをもつ楽しさも、育てる楽しさもなくなることをみんなは何度も体感しています。少子化の根元にみえがたい子どもの学力への不安があることを知らなければなりません。

4　本当のつながりを求めて

「雨降りの日に、花に水」の意味

幼稚園に通わせている多くの保護者には、ここでは、「しっかり学びの基盤をつけていただいて、本当の意味で生きる力の基礎をここで築いていただきまして、ありがとうございました」という言葉を心から言ってほしいなと思いますが、遊びを通して学んでいることの真の意味がなかなか伝わっていないようです。

いうなれば、雨降りの日に子どもがジョウロに水をいっぱい入れて園庭の花にやる。この意味が、保護者にも、保育者・教師にも理解できるかどうかなのです。「雨が降っているのだから、

もうやらなくていいじゃないの」と思っていませんか？　子どもは全然違う考え方をするのです。雨がもたらす水の恩恵と、子ども自らがジョウロに入れて花に水をやることには違いがあって、その違いがとても大事なことなのだと考える子どもたちの発想はすごいことであり、大切なことなのです。この世界が理解できないと、幼児期の学びは分からないと思います。その辺をきちんとやらなかったのです。

幼児期は、童話的な夢の世界と、非常に科学的な世界とを自由に行ったり来たりできる唯一の時期なのです。それが戸惑わされてしまって、かわいかったらいいじゃない、という程度で、幼児期の教育がないがしろにされてきたところがなきにしもあらずだと思います。多くの人が、それに早くに気づき、手をつけていかなければなりません。

ペットと、やや子と、少子化と

近年、子どもの事件の多さに驚くと共に、その内容の複雑さに驚愕とさせられることがあります。特に、親子の間で生命が失われるという事件には心を痛めるというよりも悲しくなってきます。いま、わが国では少子化から超少子化の時代に入り、子どもたちの出生の減少どころか全体の人口減少が始まったようです。一人ひとりの命の重さが過去のどの時代に比べても重く、大切になってきているのです。もちろん、少子化の問題は日本だけではなく、先進国の多くが抱えて

いる悩みでもあります。しかし、そうした国々の方々から、よく質問されることがあります。それは、「日本では、子どもの数よりペットの数の方が多いというのは本当ですか、なぜなのですか？」という問いです。たしかに、日本ペットフード工業会の平成二〇年の調べによると、犬と猫を合わせたペット数は、約二万四千ということですが、この数字は、〇歳から一四歳の子どもの総数より四割程度多いのだそうです。

犬や猫を代表とする動物たちが、病人や、高齢者、孤独な人の心の癒しに貢献していることは知られています。しかし、今やそうした病気や老人の方々だけではなく、平凡な普通の健康な家庭の中に、ペットが子どもの数より多く存在することに少し違和感をもちます。決して、動物嫌いではありませんが、ペットを飼う一部の方々の言葉が気になるのです。たとえば、「子どもと違って、素直でいうことを聴いてくれる。ホッとするし、心が癒される」とか「少々育て方を間違っても子どもと違って大事には至らない」という話が寂しく感じられるのです。

なぜなら、一方で少子化の中で親子関係に悩む人たちが少なくない現実があるからです。子育てに悩む大人も多く出現しています。少ない子どもを中心として家族が身を寄せ合って生活していて、買い物も、外に出て食事をするのも一緒という、密着型の家族が多くなってきています。そうした密着型の家族は親子関係がうまく機能しているのだろう、と考えたくなるのですが、意外にも「子どもが何を考えているのかわからない」とか、子どもが育つ道筋がわからないという

悩みが多いというのです。日本では、伝統的に幼い子どものことを「ヤヤ子」と呼んできました。その言葉の由来は、幼い子どもはなかなかわかりがたいものという「ややこしい」からきているといわれています。子どもが幼ければ幼いほど「ややこしい」ものとして、そのややこしさを愛おしむために「ヤヤ子」と呼んでいたようです。そのややこしさから逃れ、動物へ癒しを求めてペットが増えているとは考えたくはないのですが、面倒なことや煩わしさを避けた人間関係に向かう人々が出現してきたとしたら寂しいかぎりです。ドイツでは、子どもを授かると「天から与えられた謎」として、子育てを一種の謎解きのように楽しむと聞いています。子どもを「天から授かった宝物」と考える日本では、宝物ではない、ややこしいものでは？　と感じた瞬間、何かが起こっているのでしょうか。

大人の変化と子どもの変化

また、子どもたちがどうも昔と違ってきた、いろいろと気がかりなことが多くなった、などという声が盛んに聞こえるようになり始めて、随分な時間が経っています。ところが、今や状況はさらに進み、そうした子どもたちに生じている問題と重なり合うような問題を、大人たちもまた抱え込むようになってきています。現在の人間は、明治時代なら一年かかって得た情報を一日足らずで受け取るといわれています。

それほどの変化に巻き込まれれば、大人も子どもも影響を受けざるを得ません。こうした激変の中では、子どもも大人も同じように翻弄されているということでしょう。ですから今、目にみえてきた問題の解決を子どもだけをみて考えることは無理があるのです。

先にふれた、何をするにも親子で一緒という密着型家族が、それをもって結びつきがしっかりしているとは言い切れないものがあります。「子育てがわからない、子どもへの接触の仕方がわからない」という親もまた増えているからです。家族単位の行動の範囲や時間が増えることは、核家族という小さい枠内から踏み出ない、踏み出せない結果に過ぎないという側面をもっています。社会という大きな人間のコミュニケーションとつながらないままで紡ぎだされる稠密な関係は、決して心豊かなものにはなりません。

そこに情報が多量に降り注いできます。その結果、子どもの進学の道筋はよくわかるけれど、子育ての道筋がわからないということになるようです。進学の道筋は、塾の選択など、いわば情報寄りにかかわることであり、子どもがわかるということは子どもの引き起こす現象をみる目をもつことです。それができていないのですから、家族としての機能を果たしていないといえるでしょう。

文部科学省の調査で不登校がやや減少してきたことがわかったのですが、依然として小中学生あわせて一二万余人との報告があります（平成二〇年度）。調査の中で、不登校から再び学校に

行きだした理由の中に「家庭が楽しくなった」からという答えがあります。もちろん、不登校にはさまざまに異なった背景があるに違いありません。しかし、この答えは、子どもたちにとって家庭が「楽しい」ところであることの意味の重要さを示唆しており、また家族として機能していることの大切さの示唆でもあります。子どもの変容をなんとかしようと手だてを考える大人自身がまず変わる必要があるのではないでしょうか。

少子化が真に意味するところ

真の少子化とは子どもの出生等による数の減少を意味するのではなく、現在の豊かさの中で子どもたちの生き生きとした姿が減少し、子ども本来の姿がなくなり、子育てが年々難しくなっていることに不安を抱いている現象を指している言葉なのではないでしょうか。たしかに現実の子どもの数の減少も将来を見据えたら不安材料の一つかもしれませんが、少子化の真の不安はそうした数的なものではなく、子どもの育ちという質的な面での問題なのではないでしょうか。

その意味では、単純に日本の広さや食糧事情などから眺めた時、現状の子どもの総数はもちろん、出生数についてももしかすると妥当な数かもしれません。つまり、量的な意味での現在の少子化というのは、本当に悪いことなのでしょうか。現状の子どもたちが生き生きとし、未来へ向けて充実した日々が保証され、誰もが子育てが楽しいと感じることができたとしたら、現在のよ

うに「少子化が心配！　少子化が問題！」などということはないのかもしれません。

毎年一月一日、厚生労働省が人口動態統計の推計値を明らかにします。平成一八年の推計によると、その年までに生まれた子どもの数は、前年比で二万三千人増の一〇八万六千人になりました。また、中長期的にみると人口減少の傾向は変わらないものの、出産・結婚適齢期に到達した団塊ジュニア世代が出産し、出生数も増え、合計特殊出生率も過去最低の一・二六を上回るものと見込まれることが発表されました。

この数値に対して、出生数等がやや増えたことに関係があるか否かわかりませんが、こうした数値の発表があるたびに必ず、その年は、少子化への不安や警鐘に似た記事や論評が少なかったことが印象に残っています。そして「愛情をはき違えた父・母急増で新しい産業の台頭」という記事が目に焼きついてきました。

その内容は、子育てをしながら、仕事も家事も手を抜かないワーキングマザーが増えているのだそうです。しかし現実は、なかなか実行が難しく、忙しい母親に代わって食事や勉強を含めた子どものさまざまな面倒をみてくれる新サービスが拡大しているというのです。たとえば、従来の幼稚園はもちろん、保育園や学童保育を超えるサービスの仕組みをもったアウトソーシングビジネスの創出です。そこでは、園や学校という壁を取り払い、共働きの家庭を具体的にサポートするとして、子どもの宿題を手伝うことはもちろん、人格形成の基礎として家事を身につけるた

めに料理までも教えているそうです。

そこを実際に利用している方に話を聞くと、たしかに働く親にとって子どもと接する時間が少なく、しつけや料理など家庭教育で伝えるべきことに十分に時間がかけられていないので、従来の園や学童保育という公的な教育機関では得られないものを補ってくれていて満足している、と答えています。こうした状況を、先に述べた真の意味の「少子化」問題とどのように重ねて考えたらよいのでしょうか？

そのまま単純に受けとめるとしたならば、子どもをもちながら働く親たちの置かれた状況の厳しさと変化に驚くと共に、子育てに対する熱心さが伝わってくるような気がする、と賞賛さえしたくなります。ところが、従来の公的な機関に預けている働く親や、そこで働く教師・保育者に、こうした状況について聞くと、最近の父母全体にいえることですが、「自分の子どもだけが幸せであればよい、自分の子どもだけができればよい」という言動が目立ち、特に、こうした新しいサービスの方向に流れる父母たちに象徴的な形で多く現れていると苦り切った表情で説明してくれます。さらに総じて、その父母たちは「自分は子どものために一生懸命だし、仕事もこなしてきている」といった方々が多いといいます。

しかし、内実というか真実は、忙しく何もできないので他者に依頼しているものの、自分の至らなさや不十分さはみせたくないので、依頼先でうまく行かない時には、まず子どもに当たり、

次に依頼している先に文句を言い、すぐに別の場所に変えるという繰り返しがなされ、その結果、子どものストレスは大変なものになっていることが多いようです。

そこでは、決して自分が責任を負うことはなく、常に他者に責任を押しつけ、最後には「自分の子どもではない」という言動までもする親が出現してきているといわれています。こうなると、もはや、子どもとの絆どころではありません。そこには、少子化の何たるかさえもありません。少子化が問題ではないのです。にもかかわらず、一般的には子どもの問題というと、少子化の問題とすり替えられ、数的なことのみが問題にされ、本当に必要な子育ての質的な有り様は論議されず、園・所が足らない、待機児がいっぱい、となってきているのです。その結果が、箱物ばかりに目がゆき、真の子育て支援とは何かということは問われないのです。誰が、真に子どもの幸せを考えているのでしょうか。今まで述べてきましたように、子どもの育ちや子育てをめぐる状況は厳しく、結婚や出産に関する希望の実現だけでなく、子どもを授かった時から子育てへの不安や悩みは増し、親自身の周囲の状況も子育てへの支援は少なく、親として成長していくことさえ難しいものとなってきています。今回鳴り物入りで創設された「子ども・子育て支援法」は、こうした状況を抜本的に改善し、安心して子育てができ、親育ちも保障するものとして生まれたのですが、従来からの幼稚園、保育所、認定こども園等々の量的な在り方や幼保一体化という制度論に議論が偏り、乳幼児期の保育・教育の質への検討が少なくなっていることが気になります。

そうした伝統や機能をすべて一元化するような「こども園化」が進んでいるのではないかと思わせることが垣間見えます。

「子ども・子育て支援法」の運用には、たしかに、待機児の問題も重要ですが、今、最も大切なことは一人ひとりの子どもたちに豊かで自由感あふれる質の高い保育・教育が保障されることでしょう。そのためには、幼稚園、保育所がお互いにその役割と責務を果たすべく切磋琢磨し、これまでの長い間に積み上げてきた保育・教育の文化と哲学をしっかり受け止め、その歴史的な流れを「子ども・子育て支援法」の具体的な実施に活かしてほしいのです。

今一度、子どもたちの生き生きとした姿を取り戻すために、大人の責務として頑張ってほしいものです。

資　料

1　出生率の年次推移
2　平成10年までの学校教育法と幼稚園の教育目標について
3　平成10年幼稚園教育要領と平成18年以降の教育改革
　　——教育の目的・目標を中心に——
4　幼稚園教育要領新旧対照表
5　子ども・子育て支援法案要綱
6　就学前の子どもに関する教育，保育等の総合的な提供の推進に関する法律（抄）

資料1 出生率の年次推移

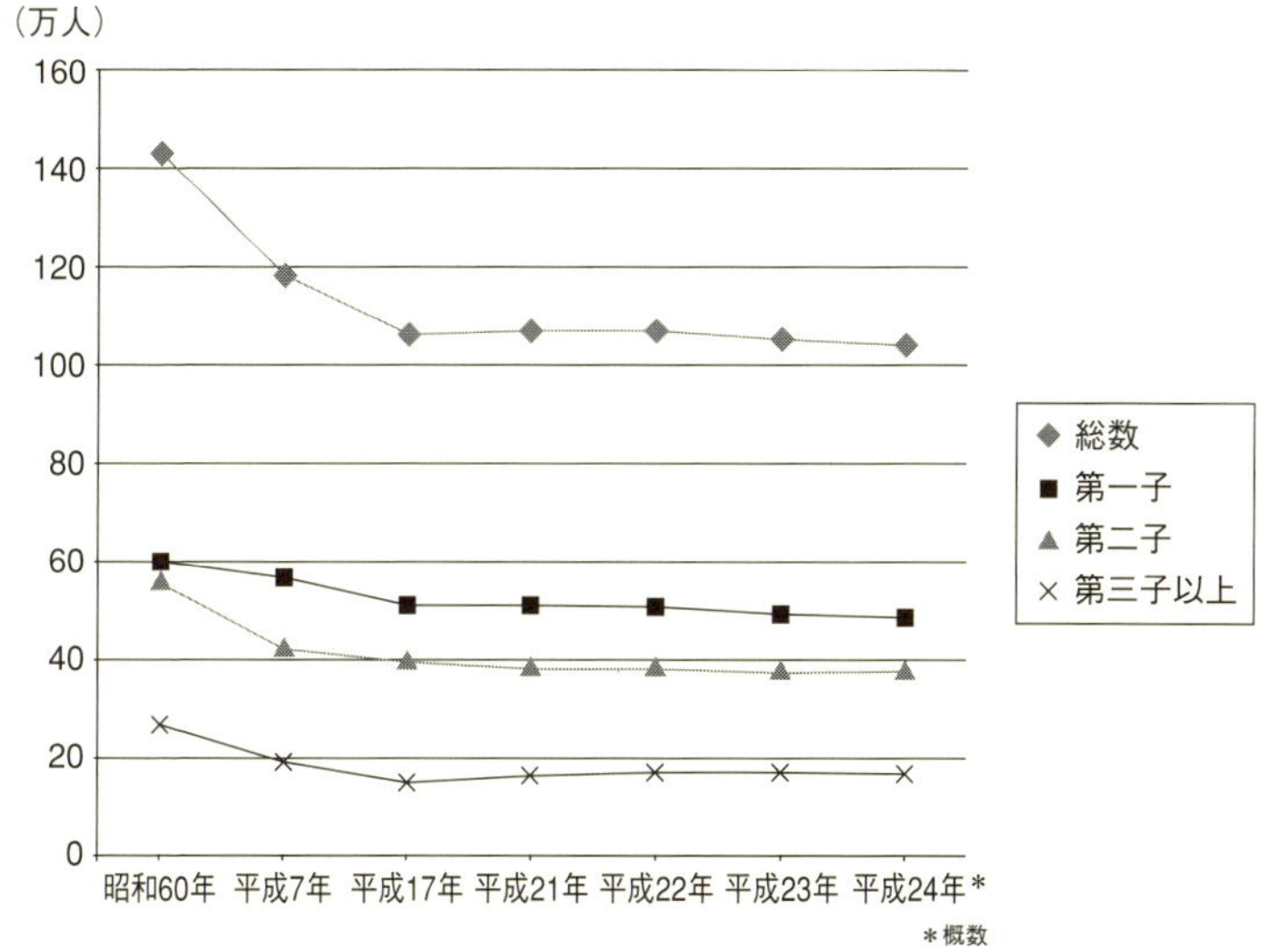

(厚生労働省　平成24年人口動態統計より)

資料2　平成10年までの学校教育法と幼稚園の教育目標について

（下線は著者による）

学校教育法	昭和31年　幼稚園教育要領（編集）	昭和39年　幼稚園教育要領（告示）	平成元年　幼稚園教育要領（告示）	平成10年　幼稚園教育要領（告示）
第七十七条 幼稚園は，幼児を保育し，適当な環境を与えて，その心身の発達を助長することを目的とする。 第七十八条 幼稚園は，前条の目的を実現するために，次の各号に掲げる目標の達成に努めなければならない。	学校教育法第78条では，この一般的な目的を実現するための目標として，次の5項目を示している。（中略）指導計画を立案するためには，幼稚園教育の特殊性にかんがみて5つの目標をもっと具体的にして，その内容を考える必要がある。幼稚園の幼児は，次に述べるような具体的な目標を達成するように指導されなければならない。	幼稚園は，教育基本法にのっとり，学校教育法に示す目的及び目標を達成するために，次の基本方針に基づき，幼児の教育を行わなければならない。	幼稚園は，幼児期が生涯にわたる人間形成の基礎を培う時期であることを踏まえ，幼稚園教育の基本に基づいて展開される幼稚園生活を通して，幼稚園教育の目標の達成に努めなければならない。	幼児期における教育は，家庭との連携を図りながら，生涯にわたる人間形成の基礎を培うために大切なものであり，幼稚園は，幼稚園教育の基本に基づいて展開される幼稚園生活を通して，生きる力の基礎を育成するよう学校教育法第78条に規定する幼稚園教育の目標の達成に努めなければならない。
一　健康，安全で幸福な生活のために必要な日常の習慣を養い，身体諸機能の調和的発達を図ること。	1　健康で安全な生活ができるようになる。（⇒領域「健康」）	(1)幼児の心身の調和的な発達を図り，健全な心身の基礎を養うようにすること。	(1)健康，安全で幸福な生活のための基本的な生活習慣・態度を育て，健全な心身の基礎を培うようにすること。	(1)健康，安全で幸福な生活のための基本的な生活習慣・態度を育て，健全な心身の基礎を培うようにすること。
二　園内において，集団生活を経験させ，喜んでこれに参加する態度と協同，自主及び自律の精神の芽生えを養うこと。	2　幼稚園内外における身近な集団生活に適応できるようになる。（⇒領域「社会」）	(2)基本的生活習慣と正しい社会的態度を育成し，豊かな情操を養い，道徳性の芽生えをつちかうようにすること。	(2)人への愛情や信頼感を育て，自立と協同の態度及び道徳性の芽生えを培うようにすること。	(2)人への愛情や信頼感を育て，自立と協同の態度及び道徳性の芽生えを培うようにすること。
三　身辺の社会生活及び事象に対する正しい理解と態度の芽生えを養うこと。	3　身近な自然に，興味や関心をもつようになる。（⇒領域「自然」）	(3)自然および社会の事象について興味や関心を持たせ，思考力の芽生えをつちかうようにすること。	(3)自然などの身近な事象への興味や関心を育て，それらに対する豊かな心情や思考力の芽生えを培うようにすること。	(3)自然などの身近な事象への興味や関心を育て，それらに対する豊かな心情や思考力の芽生えを培うようにすること。
四　言語の使い方を正しく導き，童話，絵本等に対する興	4　ことばを正しく使い，童話や絵本などに興味をもつよう	(4)人の話を聞く正しい態度を養うとともに，人にわかるこ	(4)日常生活の中で言葉への興味や関心を育て，喜んで話し	(4)日常生活の中で言葉への興味や関心を育て，喜んで話し

味を養うこと。	になる。(⇒領域「言語」)	とばを使おうとする意欲を育て，ことばの正しい使い方を身につけるようにすること。	たり聞いたりする態度や言葉に対する感覚を養うようにすること。	たり，聞いたりする態度や言葉に対する感覚を養うようにすること。
五　音楽，遊戯，絵画その他の方法により，創作的表現に対する興味を養うこと。	5　自由な表現活動によって，創造性を豊かにする。(⇒領域「音楽リズム」「絵画製作」)	(5)のびのびした表現活動を通して，創造性を豊かにするようにすること。	(5)多様な体験を通じて豊かな感性を育て，創造性を豊かにするようにすること。	(5)多様な体験を通じて豊かな感性を育て，創造性を豊かにするようにすること。
		(6)幼児に必要な養護や世話を行うとともに，自主的，自発的な活動を促し，自立の態度を養うようにすること。		
		(7)幼児の心身の発達の実情をよく理解し，その個人差に応じて適切な指導を行なうようにすること。		
		(8)幼児の生活体験に即し，その興味や欲求を生かして，総合的な指導を行なうようにすること。		
		(9)地域の実態に即し，かつ，幼稚園の生活環境を整備して，適切な指導を行なうようにすること。		
		(10)幼稚園教育は，小学校教育と異なるものがあることに留意し，その特質を生かして，適切な指導を行なうようにすること。		
		(11)家庭との連絡を密にし，家庭における教育と相まって教育の効果をあげるようにすること。		

資料3 平成10年幼稚園教育要領と平成18年以降の教育改革―教育の目的・目標を中心に―

（下線は著者による）

	「平成17年以前」の学校教育法	「平成10年」幼稚園教育要領	平成19年 学校教育法改正		平成18年 教育基本法 全面改正				平成19年 学校教育法 改正
幼稚園教育の目的	第七十七条　幼稚園は，幼児を保育し，適当な環境を与えて，その心身の発達を助長することを目的とする。	第一章　総則 一　幼稚園教育の基本 幼稚園は，学校教育法第七十七条に規定する目的を達成するため，幼児期の特性を踏まえ，環境を通して行うものであることを基本とする。 このため，教師は幼児との信頼関係を十分に築き，幼児と共によりよい教育環境を創造するように努めるものとする。	第二十二条　幼稚園は，義務教育及びその後の教育の基礎を培うものとして，幼児を保育し，幼児の健やかな成長のために適当な環境を与えて，その心身の発達を助長することを目的とする。	幼稚園教育の目的	(幼児期の教育) 第十一条　幼児期の教育は，生涯にわたる人格形成の基礎を培う重要なものであることにかんがみ，国及び地方公共団体は，幼児の健やかな成長に資する良好な環境の整備その他適当な方法によって，その振興に努めなければならない。	義務教育及び学校教育の目的	(義務教育) 第五条　(略) 二　義務教育として行われる普通教育は，各個人の有する能力を伸ばしつつ社会において自立的に生きる基礎を培い，また，国家及び社会の形成者として必要とされる基本的な資質を養うことを目的として行われるものとする。 (学校教育) 第6条　(略) 二　前項の学校においては，教育の目標が達成されるよう，教育を受ける者の心身の発達に応じて，体系的な教育が組織的に行われなければならない。この場合において，教育を受ける者が，学校生活を営む上で必要な規律を重んずるとともに，自ら進んで学習に取り組む意欲を高めることを重視して行われなければならない。	義務教育の目的	第二十一条　義務教育として行われる普通教育は，教育基本法（平成十八年法律第百二十号）第五条第二項に規定する目的を実現するため，次に掲げる目標を達成するよう行われるものとする。 (各号は下記)
幼稚園教育の目標	第七十八条　幼稚園は，前条の目的を実現するために，次の各号に掲げる目標の達成に努めなければならない。	第一章　総則 二　幼児教育の目標 幼児期における教育は，家庭との連携を図りながら，生涯にわたる人間形成の基礎を培うために大切なものであり，幼稚園は幼稚園教育の基本に基づいて展開される幼稚園生活を通して，生きる力の基礎を育成するよう学校教育法第七十八条に規定する幼稚園教育の目標の達成に努めなければならない。	第二十三条　幼稚園における教育は，前条に規定する目的を実現するため，次に掲げる目標を達成するよう行われるものとする。	教育の目的／目標	(教育の目的) 第一条　教育は，人格の完成を目指し，平和で民主的な国家及び社会の形成者として必要な資源を備えた心身ともに健康な国民の育成を期して行わなければならない。 (教育の目標) 第二条　教育は，その目的を実現するため，学問の自由を尊重しつつ，次に掲げる目標を達成するよう行われるものとする。 (各号は下記)			小学校の目的	第二十九条　小学校は，心身の発達に応じて，義務教育として行われる普通教育のうち基礎的なものを施すことを目的とする。 第三十条 小学校における教育は，前条に規定する目的を実現するために必要な程度において第二十一条各号に掲げる目標を達成するよう行われるものとする。 二　前項の場合においては，生涯にわたり学習する基盤が培われるよう，基礎的な知識及び技能を習得させるとともに，これらを活用して課題を解決するために必要な思考力，判断力，表現力その他の能力をはぐくみ，主体的に学習に取り組む態度を養うことに，特に意を用いなければならない。
個別目標／健康	一　健康，安全で幸福な生活のために必要な日常の習慣を養い，身体諸機能の調和的発達を図ること。	一　健康，安全で幸福な生活のための基本的な生活習慣・態度を育て，健全な心身の基礎を培うようにすること。	一　健康，安全で幸福な生活のために必要な基本的な習慣を養い，身体諸機能の調和的発達を図ること。	個別目標／健康	一　幅広い知識と教養を身に付け，真理を求める態度を養い，豊かな情操と道徳心を培うとともに，健やかな身体を養うこと。			個別目標／健康	八　健康，安全で幸福な生活のために必要な習慣を養うとともに，運動を通じて体力を養い，心身の調和的発達を図ること。

資料3

個別目標／人間関係	個別目標／環境	個別目標／言葉	個別目標／表現
二　園内において、集団生活を経験させ、喜んでこれに参加する態度と協同、自主及び自律の精神の芽生えを養うこと。	三　身辺の社会生活及び事象に対する正しい理解と態度の芽生えを養うこと。	四　言語の使い方を正しく導き、童話、絵本等に対する興味を養うこと。	五　音楽、遊戯、絵画その他の方法により、創作的表現に対する興味を養うこと。
二　人への愛情や信頼感を育て、自立と協同の態度及び道徳性の芽生えを培うようにすること。	三　自然などの身近な事象への興味や関心を育て、それらに対する豊かな心情や思考力の芽生えを培うようにすること。	四　日常生活の中で言葉への興味や関心を育て、喜んで話したり、聞いたりする態度や言葉に対する感覚を養うようにすること。	五　多様な体験を通じて豊かな感性を育て、創造性を豊かにするようにすること。
二　集団生活を通じて、喜んでこれに参加する態度を養うとともに家族や身近な人への信頼感を深め、自主、自律及び協同の精神並びに規範意識の芽生えを養うこと。	三　身近な社会生活、生命及び自然に対する興味を養い、それらに対する正しい理解と態度及び思考力を芽生えを養うこと。	四　日常の会話や、絵本、童話等に親しむことを通じて、言葉の使い方を正しく導くとともに、相手の話を理解しようとする態度を養うこと。	五　音楽、身体による表現、造形等に親しむことを通じて、豊かな感性と表現力の芽生えを養うこと。
個別目標／人間関係	個別目標／環境	個別目標／言葉	個別目標／表現
【再掲】一　幅広い知識と教養を身に付け、真理を求める態度を養い、豊かな情操と道徳心を培うとともに、健やかな身体を養うこと。 二　個人の価値を尊重して、その能力を伸ばし、創造性を培い、自主及び自律の精神を養うとともに、職業及び生活との関連を重視し、勤労を重んずる態度を養うこと。 三　正義と責任、男女の平等、自他の敬愛と協力を重んずるとともに、公共の精神に基づき、主体的に社会の形成に参画し、その発展に寄与する態度を養うこと。 五　伝統と文化を尊重し、それらをはぐくんできた我が国と郷土を愛するとともに、他国を尊重し、国際社会の平和と発展に寄与する態度を養うこと。	【再掲】一　幅広い知識と教養を身に付け、真理を求める態度を養い、豊かな情操と道徳心を培うとともに、健やかな身体を養うこと。 四　生命を尊び、自然を大切にし、環境の保全に寄与する態度を養うこと。	【再掲】一　幅広い知識と教養を身に付け、真理を求める態度を養い、豊かな情操と道徳心を培うとともに、健やかな身体を養うこと。	【再掲】一　幅広い知識と教養を身に付け、真理を求める態度を養い、豊かな情操と道徳心を培うとともに、健やかな身体を養うこと。
個別目標／人間関係	個別目標／環境	個別目標／言葉	個別目標／表現
一　学校内外における社会的活動を促進し、自主、自律及び協同の精神、規範意識、公正な判断力並びに公共の精神に基づき主体的に社会の形成に参画し、その発展に寄与する態度を養うこと。 三　我が国と郷土の現状と歴史について、正しい理解に導き、伝統と文化を尊重し、それらをはぐくんできた我が国と郷土を愛する態度を養うとともに、進んで外国の文化の理解を通じて、他国を尊重し、国際社会の平和と発展に寄与する態度を養うこと。 十　職業についての基礎的な知識と技能、勤労を重んずる態度及び個性に応じて将来の進路を選択する能力を養うこと。	二　学校内外における自然体験活動を促進し、生命及び自然を尊重する精神並びに環境の保全に寄与する態度を養うこと。 四　家族と家庭の役割、生活に必要な衣、食、住、情報、産業その他の事項について基礎的な理解と技能を養うこと。 六　生活に必要な数量的な関係を正しく理解し、処理する基礎的な能力を養うこと。 七　生活にかかわる自然現象について、観察及び実験を通じて、科学的に理解し、処理する基礎的な能力を養うこと。	五　読書に親しませ、生活に必要な国語を正しく理解し、使用する基礎的な能力を養うこと。	九　生活を明るくする豊かにする音楽、美術、文芸その他の芸術について基礎的な理解と技能を養うこと。

資料4　幼稚園教育要領新旧対照表

（文部科学省HPより引用，一部改変）

平成20年改訂	平成10年改訂
第１章　総　　則	第１章　総　　則
第１　幼稚園教育の基本 幼児期における教育は，生涯にわたる人格形成の基礎を培う重要なものであり，幼稚園教育は，学校教育法第22条に規定する目的を達成するため，幼児期の特性を踏まえ，環境を通して行うものであることを基本とする。 このため，教師は幼児との信頼関係を十分に築き，幼児と共によりよい教育環境を創造するように努めるものとする。これらを踏まえ，次に示す事項を重視して教育を行わなければならない。	**1　幼稚園教育の基本** 幼稚園教育は，学校教育法第77条に規定する目的を達成するため，幼児期の特性を踏まえ，環境を通して行うものであることを基本とする。 このため，教師は幼児との信頼関係を十分に築き，幼児と共によりよい教育環境を創造するように努めるものとする。これらを踏まえ，次に示す事項を重視して教育を行わなければならない。
1　幼児は安定した情緒の下で自己を十分に発揮することにより発達に必要な体験を得ていくものであることを考慮して，幼児の主体的な活動を促し，幼児期にふさわしい生活が展開されるようにすること。	(1) 幼児は安定した情緒の下で自己を十分に発揮することにより発達に必要な体験を得ていくものであることを考慮して，幼児の主体的な活動を促し，幼児期にふさわしい生活が展開されるようにすること。
2　幼児の自発的な活動としての遊びは，心身の調和のとれた発達の基礎を培う重要な学習であることを考慮して，遊びを通しての指導を中心として第２章に示すねらいが総合的に達成されるようにすること。	(2) 幼児の自発的な活動としての遊びは，心身の調和のとれた発達の基礎を培う重要な学習であることを考慮して，遊びを通しての指導を中心として第２章に示すねらいが総合的に達成されるようにすること。
3　幼児の発達は，心身の諸側面が相互に関連し合い，多様な経過をたどって成し遂げられていくものであること，また，幼児の生活経験がそれぞれ異なることなどを考慮して，幼児一人一人の特性に応じ，発達の課題に即した指導を行うようにすること。	(3) 幼児の発達は，心身の諸側面が相互に関連し合い，多様な経過をたどって成し遂げられていくものであること，また，幼児の生活経験がそれぞれ異なることなどを考慮して，幼児一人一人の特性に応じ，発達の課題に即した指導を行うようにすること。
その際，教師は，幼児の主体的な活動が確保されるよう幼児一人一人の行動の理解と予想に基づき，計画的に環境を構成しなければならない。この場合において，教師は，幼児と人やものとのかかわりが重要であることを踏まえ，物的・空間的環境を構成しなければならない。また，教師は，幼児一人一人の活動の場面に応じて，様々な役割を果たし，その活動を豊かにしなければならない。	その際，幼児の主体的な活動が確保されるよう幼児一人一人の行動の理解と予想に基づき，計画的に環境を構成しなければならない。この場合において，教師は，幼児と人やものとのかかわりが重要であることを踏まえ，物的・空間的環境を構成しなければならない。また，教師は，幼児一人一人の活動の場面に応じて，様々な役割を果たし，その活動を豊かにしなければならない。
	2　幼稚園教育の目標

	幼児期における教育は，家庭との連携を図りながら，生涯にわたる人間形成の基礎を培うために大切なものであり，幼稚園は，幼稚園教育の基本に基づいて展開される幼稚園生活を通して，生きる力の基礎を育成するよう学校教育法第23条に規定する幼稚園教育の目標の達成に努めなければならない。 (1) 健康，安全で幸福な生活のための基本的な生活習慣・態度を育て，健全な心身の基礎を培うようにすること。 (2) 人への愛情や信頼感を育て，自立と協同の態度及び道徳性の芽生えを培うようにすること。 (3) 自然などの身近な事象への興味や関心を育て，それらに対する豊かな心情や思考力の芽生えを培うようにすること。 (4) 日常生活の中で言葉への興味や関心を育て，喜んで話したり，聞いたりする態度や言葉に対する感覚を養うようにすること。 (5) 多様な体験を通じて豊かな感性を育て，創造性を豊かにするようにすること。
第２　教育課程の編成 幼稚園は，家庭との連携を図りながら，この章の第1に示す幼稚園教育の基本に基づいて展開される幼稚園生活を通して，生きる力の基礎を育成するよう学校教育法第23条に規定する幼稚園教育の目標の達成に努めなければならない。幼稚園は，このことにより，義務教育及びその後の教育の基礎を培うものとする。 これらを踏まえ，各幼稚園においては，教育基本法及び学校教育法その他の法令並びにこの幼稚園教育要領の示すところに従い，創意工夫を生かし，幼児の心身の発達と幼稚園及び地域の実態に即応した適切な教育課程を編成するものとする。	**3　教育課程の編成** 各幼稚園においては，法令及びこの幼稚園教育要領の示すところに従い，創意工夫を生かし，幼児の心身の発達と幼稚園及び地域の実態に即応した適切な教育課程を編成するものとする。
1　幼稚園生活の全体を通して第２章に示すねらいが総合的に達成されるよう，教育課程に係る教育期間や幼児の生活経験や発達の過程などを考慮して具体的なねらいと内容を組織しなければならないこと。この場合においては，特に，自我が芽生え，他者の存在を意識し，自己を抑制しようとする気持ちが生まれる幼児期の発達の特性を踏まえ，入園から修了に至るまでの長期的な視野をもって充実した生活が展開できるよ	(1) 幼稚園生活の全体を通して第２章に示すねらいが総合的に達成されるよう，教育期間や幼児の生活経験や発達の過程などを考慮して具体的なねらいと内容を組織しなければならないこと。この場合においては，特に，自我が芽生え，他者の存在を意識し，自己を抑制しようとする気持ちが生まれる幼児期の発達の特性を踏まえ，入園から修了に至るまでの長期的な視野をもって充実した生活が展開できるように配慮しなけれ

うに配慮しなければならないこと。	ばならないこと。
2　幼稚園の毎学年の教育課程に係る教育週数は，特別の事情のある場合を除き，39週を下ってはならないこと。	(2) 幼稚園の毎学年の教育週数は，特別の事情のある場合を除き，39週を下ってはならないこと。
3　幼稚園の1日の教育課程に係る教育時間は，4時間を標準とすること。ただし，幼児の心身の発達の程度や季節などに適切に配慮すること。	(3) 幼稚園の1日の教育時間は，4時間を標準とすること。ただし，幼児の心身の発達の程度や季節などに適切に配慮すること。
第3　教育課程に係る教育時間の終了後等に行う教育活動など 幼稚園は，地域の実態や保護者の要請により教育課程に係る教育時間の終了後等に希望する者を対象に行う教育活動について，学校教育法第22条及び第23条並びにこの章の第1に示す幼稚園教育の基本を踏まえ実施すること。また，幼稚園の目的の達成に資するため，幼児の生活全体が豊かなものとなるよう家庭や地域における幼児期の教育の支援に努めること。	
第2章　ねらい及び内容	第2章　ねらい及び内容
この章に示すねらいは，幼稚園修了までに育つことが期待される生きる力の基礎となる心情，意欲，態度などであり，内容は，ねらいを達成するために指導する事項である。これらを幼児の発達の側面から，心身の健康に関する領域「健康」，人とのかかわりに関する領域「人間関係」，身近な環境とのかかわりに関する領域「環境」，言葉の獲得に関する領域「言葉」及び感性と表現に関する領域「表現」としてまとめ，示したものである。	この章に示すねらいは幼稚園修了までに育つことが期待される生きる力の基礎となる心情，意欲，態度などであり，内容はねらいを達成するために指導する事項である。これらを幼児の発達の側面から，心身の健康に関する領域「健康」，人とのかかわりに関する領域「人間関係」，身近な環境とのかかわりに関する領域「環境」，言葉の獲得に関する領域「言葉」及び感性と表現に関する領域「表現」としてまとめ，示したものである。
各領域に示すねらいは，幼稚園における生活の全体を通じ，幼児が様々な体験を積み重ねる中で相互に関連をもちながら次第に達成に向かうものであること，内容は，幼児が環境にかかわって展開する具体的な活動を通して総合的に指導されるものであることに留意しなければならない。	各領域に示すねらいは幼稚園における生活の全体を通じ，幼児が様々な体験を積み重ねる中で相互に関連をもちながら次第に達成に向かうものであること，内容は幼児が環境にかかわって展開する具体的な活動を通して総合的に指導されるものであることに留意しなければならない。
なお，特に必要な場合には，各領域に示すねらいの趣旨に基づいて適切な，具体的な内容を工夫し，それを加えても差し支えないが，その場合には，それが第1章の第1に示す幼稚園教育の基本を逸脱しないよう慎重に配慮する必要がある。	なお，特に必要な場合には，各領域に示すねらいの趣旨に基づいて適切な，具体的な内容を工夫し，それを加えても差し支えないが，その場合には，それが幼稚園教育の基本を逸脱しないよう慎重に配慮する必要がある。
健　康	**健　康**

〔健康な心と体を育て，自ら健康で安全な生活をつくり出す力を養う。〕

1　ねらい

(1) 明るく伸び伸びと行動し，充実感を味わう。
(2) 自分の体を十分に動かし，進んで運動しようとする。
(3) 健康，安全な生活に必要な習慣や態度を身に付ける。

2　内　容

(1) 先生や友達と触れ合い，安定感をもって行動する。
(2) いろいろな遊びの中で十分に体を動かす。
(3) 進んで戸外で遊ぶ。
(4) 様々な活動に親しみ，楽しんで取り組む。
(5) 先生や友達と食べることを楽しむ。
(6) 健康な生活のリズムを身に付ける。
(7) 身の回りを清潔にし，衣服の着脱，食事，排泄《せつ》などの生活に必要な活動を自分でする。
(8) 幼稚園における生活の仕方を知り，自分たちで生活の場を整えながら見通しをもって行動する。
(9) 自分の健康に関心をもち，病気の予防などに必要な活動を進んで行う。
(10) 危険な場所，危険な遊び方，災害時などの行動の仕方が分かり，安全に気を付けて行動する。

3　内容の取扱い

上記の取扱いに当たっては，次の事項に留意する必要がある。

(1) 心と体の健康は，相互に密接な関連があるものであることを踏まえ，幼児が教師や他の幼児との温かい触れ合いの中で自己の存在感や充実感を味わうことなどを基盤として，しなやかな心と体の発達を促すこと。特に，十分に体を動かす気持ちよさを体験し，自ら体を動かそうとする意欲が育つようにすること。
(2) 様々な遊びの中で，幼児が興味や関心，能力に応じて全身を使って活動することにより，体を動かす楽しさを味わい，安全についての構えを身に付け，自分の体を大切にしようとする気持ちが育つようにすること。
(3) 自然の中で伸び伸びと体を動かして遊ぶことにより，体の諸機能の

〔健康な心と体を育て，自ら健康で安全な生活をつくり出す力を養う。〕

1　ねらい

(1) 明るく伸び伸びと行動し，充実感を味わう。
(2) 自分の体を十分に動かし，進んで運動しようとする。
(3) 健康，安全な生活に必要な習慣や態度を身に付ける。

2　内　容

(1) 先生や友達と触れ合い，安定感をもって行動する。
(2) いろいろな遊びの中で十分に体を動かす。
(3) 進んで戸外で遊ぶ。
(4) 様々な活動に親しみ，楽しんで取り組む。
(5) 健康な生活のリズムを身に付ける。
(6) 身の回りを清潔にし，衣服の着脱，食事，排泄《せつ》など生活に必要な活動を自分でする。
(7) 幼稚園における生活の仕方を知り，自分たちで生活の場を整える。
(8) 自分の健康に関心をもち，病気の予防などに必要な活動を進んで行う。
(9) 危険な場所，危険な遊び方，災害時などの行動の仕方が分かり，安全に気を付けて行動する。

3　内容の取扱い

上記の取扱いに当たっては，次の事項に留意する必要がある。

(1) 心と体の健康は，相互に密接な関連があるものであることを踏まえ，幼児が教師や他の幼児との温かい触れ合いの中で自己の存在感や充実感を味わうことなどを基盤として，しなやかな心と体の発達を促すこと。
(2) 様々な遊びの中で，幼児が興味や関心，能力に応じて全身を使って活動することにより，体を動かす楽しさを味わい，安全についての構えを身に付け，自分の体を大切にしようとする気持ちが育つようにすること。
(3) 自然の中で伸び伸びと体を動かして遊ぶことにより，体の諸機能の

発達が促されることに留意し，幼児の興味や関心が戸外にも向くようにすること。その際，幼児の動線に配慮した園庭や遊具の配置などを工夫すること。

(4) 健康な心と体を育てるためには食育を通じた望ましい食習慣の形成が大切であることを踏まえ，幼児の食生活の実情に配慮し，和やかな雰囲気の中で教師や他の幼児と食べる喜びや楽しさを味わったり，様々な食べ物への興味や関心をもったりするなどし，進んで食べようとする気持ちが育つようにすること。

(5) 基本的な生活習慣の形成に当たっては，家庭での生活経験に配慮し，幼児の自立心を育て，幼児が他の幼児とかかわりながら主体的な活動を展開する中で，生活に必要な習慣を身に付けるようにすること。

人間関係

〔他の人々と親しみ，支え合って生活するために，自立心を育て，人とかかわる力を養う。〕

1　ねらい

(1) 幼稚園生活を楽しみ，自分の力で行動することの充実感を味わう。
(2) 身近な人と親しみ，かかわりを深め，愛情や信頼感をもつ。
(3) 社会生活における望ましい習慣や態度を身に付ける。

2　内　容

(1) 先生や友達と共に過ごすことの喜びを味わう。
(2) 自分で考え，自分で行動する。
(3) 自分でできることは自分でする。
(4) いろいろな遊びを楽しみながら物事をやり遂げようとする気持ちをもつ。
(5) 友達と積極的にかかわりながら喜びや悲しみを共感し合う。
(6) 自分の思ったことを相手に伝え，相手の思っていることに気付く。
(7) 友達のよさに気付き，一緒に活動する楽しさを味わう。
(8) 友達と楽しく活動する中で，共通の目的を見いだし，工夫したり，協力したりなどする。
(9) よいことや悪いことがあることに気付き，考えながら行動する。

発達が促されることに留意し，幼児の興味や関心が戸外にも向くようにすること。その際，幼児の動線に配慮した園庭や遊具の配置などを工夫すること。

(4) 基本的な生活習慣の形成に当たっては，幼児の自立心を育て，幼児が他の幼児とかかわりながら主体的な活動を展開する中で，生活に必要な習慣を身に付けるようにすること。

人間関係

〔他の人々と親しみ，支え合って生活するために，自立心を育て，人とかかわる力を養う。〕

1　ねらい

(1) 幼稚園生活を楽しみ，自分の力で行動することの充実感を味わう。
(2) 進んで身近な人とかかわり，愛情や信頼感をもつ。
(3) 社会生活における望ましい習慣や態度を身に付ける。

2　内　容

(1) 先生や友達と共に過ごすことの喜びを味わう。
(2) 自分で考え，自分で行動する
(3) 自分でできることは自分でする。
(4) 友達と積極的にかかわりながら喜びや悲しみを共感し合う。
(5) 自分の思ったことを相手に伝え，相手の思っていることに気付く。
(6) 友達のよさに気付き，一緒に活動する楽しさを味わう。
(7) 友達と一緒に物事をやり遂げようとする気持ちをもつ。
(8) よいことや悪いことがあることに気付き，考えながら行動する。

(10) 友達とのかかわりを深め，思いやりをもつ。
(11) 友達と楽しく生活する中できまりの大切さに気付き，守ろうとする。
(12) 共同の遊具や用具を大切にし，みんなで使う。
(13) 高齢者をはじめ地域の人々などの自分の生活に関係の深いいろいろな人に親しみをもつ。

3　内容の取扱い

上記の取扱いに当たっては，次の事項に留意する必要がある。

(1) 教師との信頼関係に支えられて自分自身の生活を確立していくことが人とかかわる基盤となることを考慮し，幼児が自ら周囲に働き掛けることにより多様な感情を体験し，試行錯誤しながら自分の力で行うことの充実感を味わうことができるよう，幼児の行動を見守りながら適切な援助を行うようにすること。

(2) 幼児の主体的な活動は，他の幼児とのかかわりの中で深まり，豊かになるものであり，幼児はその中で互いに必要な存在であることを認識するようになることを踏まえ，一人一人を生かした集団を形成しながら人とかかわる力を育てていくようにすること。特に，集団の生活の中で，幼児が自己を発揮し，教師や他の幼児に認められる体験をし，自信をもって行動できるようにすること。

(3) 幼児が互いにかかわりを深め，協同して遊ぶようになるため，自ら行動する力を育てるようにするとともに，他の幼児と試行錯誤しながら活動を展開する楽しさや共通の目的が実現する喜びを味わうことができるようにすること。

(4) 道徳性の芽生えを培うに当たっては，基本的な生活習慣の形成を図るとともに，幼児が他の幼児とのかかわりの中で他人の存在に気付き，相手を尊重する気持ちをもって行動できるようにし，また，自然や身近な動植物に親しむことなどを通して豊かな心情が育つようにすること。特に，人に対する信頼感や思いやりの気持ちは，葛藤《かっとう》やつまずきをも体験し，それらを乗り越えることにより次第に芽生えてくることに配慮すること。

(5) 集団の生活を通して，幼児が人とのかかわりを深め，規範意識の芽生えが培われることを考慮し，幼児が教師との信頼関係に支えられて自己を発揮する中で，互いに思いを主張し，折り合いを付ける体験を

(9) 友達とのかかわりを深め，思いやりをもつ。
(10) 友達と楽しく生活する中できまりの大切さに気付き，守ろうとする。
(11) 共同の遊具や用具を大切にし，みんなで使う。
(12) 高齢者をはじめ地域の人々など自分の生活に関係の深いいろいろな人に親しみをもつ。

3　内容の取扱い

上記の取扱いに当たっては，次の事項に留意する必要がある。

(1) 教師との信頼関係に支えられて自分自身の生活を確立していくことが人とかかわる基盤となることを考慮し，幼児が自ら周囲に働き掛けることにより多様な感情を体験し，試行錯誤しながら自分の力で行うことの充実感を味わうことができるよう，幼児の行動を見守りながら適切な援助を行うようにすること。

(2) 幼児の主体的な活動は，他の幼児とのかかわりの中で深まり，豊かになるものであり，幼児はその中で互いに必要な存在であることを認識するようになることを踏まえ，一人一人を生かした集団を形成しながら人とかかわる力を育てていくようにすること。

(3) 道徳性の芽生えを培うに当たっては，基本的な生活習慣の形成を図るとともに，幼児が他の幼児とのかかわりの中で他人の存在に気付き，相手を尊重する気持ちをもって行動できるようにし，また，自然や身近な動植物に親しむことなどを通して豊かな心情が育つようにすること。特に，人に対する信頼感や思いやりの気持ちは，葛藤《かっとう》やつまずきをも体験し，それらを乗り越えることにより次第に芽生えてくることに配慮すること。

し，きまりの必要性などに気付き，自分の気持ちを調整する力が育つようにすること。

(6) 高齢者をはじめ地域の人々などの自分の生活に関係の深いいろいろな人と触れ合い，自分の感情や意志を表現しながら共に楽しみ，共感し合う体験を通して，これらの人々などに親しみをもち，人とかかわることの楽しさや人の役に立つ喜びを味わうことができるようにすること。また，生活を通して親や祖父母などの家族の愛情に気付き，家族を大切にしようとする気持ちが育つようにすること。

環　境

〔周囲の様々な環境に好奇心や探究心をもってかかわり，それらを生活に取り入れていこうとする力を養う。〕

1　ねらい

(1) 身近な環境に親しみ，自然と触れ合う中で様々な事象に興味や関心をもつ。

(2) 身近な環境に自分からかかわり，発見を楽しんだり，考えたりし，それを生活に取り入れようとする。

(3) 身近な事象を見たり，考えたり，扱ったりする中で，物の性質や数量，文字などに対する感覚を豊かにする。

2　内　容

(1) 自然に触れて生活し，その大きさ，美しさ，不思議さなどに気付く。

(2) 生活の中で，様々な物に触れ，その性質や仕組みに興味や関心をもつ。

(3) 季節により自然や人間の生活に変化のあることに気付く。

(4) 自然などの身近な事象に関心をもち，取り入れて遊ぶ。

(5) 身近な動植物に親しみをもって接し，生命の尊さに気付き，いたわったり，大切にしたりする。

(6) 身近な物を大切にする。

(7) 身近な物や遊具に興味をもってかかわり，考えたり，試したりして工夫して遊ぶ。

(8) 日常生活の中で数量や図形などに関心をもつ。

(9) 日常生活の中で簡単な標識や文字などに関心をもつ。

(10) 生活に関係の深い情報や施設などに興味や関心をもつ。

(4) 幼児の生活と関係の深い人々と触れ合い，自分の感情や意志を表現しながら共に楽しみ，共感し合う体験を通して，高齢者をはじめ地域の人々などに親しみをもち，人とかかわることの楽しさや人の役に立つ喜びを味わうことができるようにすること。また，生活を通して親の愛情に気付き，親を大切にしようとする気持ちが育つようにすること。

環　境

〔周囲の様々な環境に好奇心や探究心をもってかかわり，それらを生活に取り入れていこうとする力を養う。〕

1　ねらい

(1) 身近な環境に親しみ，自然と触れ合う中で様々な事象に興味や関心をもつ。

(2) 身近な環境に自分からかかわり，発見を楽しんだり，考えたりし，それを生活に取り入れようとする。

(3) 身近な事象を見たり，考えたり，扱ったりする中で，物の性質や数量，文字などに対する感覚を豊かにする。

2　内　容

(1) 自然に触れて生活し，その大きさ，美しさ，不思議さなどに気付く。

(2) 生活の中で，様々な物に触れ，その性質や仕組みに興味や関心をもつ。

(3) 季節により自然や人間の生活に変化のあることに気付く。

(4) 自然などの身近な事象に関心をもち，取り入れて遊ぶ。

(5) 身近な動植物に親しみをもって接し，生命の尊さに気付き，いたわったり，大切にしたりする。

(6) 身近な物を大切にする。

(7) 身近な物や遊具に興味をもってかかわり，考えたり，試したりして工夫して遊ぶ。

(8) 日常生活の中で数量や図形などに関心をもつ。

(9) 日常生活の中で簡単な標識や文字などに関心をもつ。

(10) 生活に関係の深い情報や施設などに興味や関心をもつ。

(11) 幼稚園内外の行事において国旗に親しむ。

3 内容の取扱い

上記の取扱いに当たっては，次の事項に留意する必要がある。

(1) 幼児が，遊びの中で周囲の環境とかかわり，次第に周囲の世界に好奇心を抱き，その意味や操作の仕方に関心をもち，物事の法則性に気付き，自分なりに考えることができるようになる過程を大切にすること。特に，他の幼児の考えなどに触れ，新しい考えを生み出す喜びや楽しさを味わい，自ら考えようとする気持ちが育つようにすること。

(2) 幼児期において自然のもつ意味は大きく，自然の大きさ，美しさ，不思議さなどに直接触れる体験を通して，幼児の心が安らぎ，豊かな感情，好奇心，思考力，表現力の基礎が培われることを踏まえ，幼児が自然とのかかわりを深めることができるよう工夫すること。

(3) 身近な事象や動植物に対する感動を伝え合い，共感し合うことなどを通して自分からかかわろうとする意欲を育てるとともに，様々なかかわり方を通してそれらに対する親しみや畏敬の念，生命を大切にする気持ち，公共心，探究心などが養われるようにすること。

(4) 数量や文字などに関しては，日常生活の中で幼児自身の必要感に基づく体験を大切にし，数量や文字などに関する興味や関心，感覚が養われるようにすること。

言　葉

〔経験したことや考えたことなどを自分なりの言葉で表現し，相手の話す言葉を聞こうとする意欲や態度を育て，言葉に対する感覚や言葉で表現する力を養う。〕

1 ねらい

(1) 自分の気持ちを言葉で表現する楽しさを味わう。

(2) 人の言葉や話などをよく聞き，自分の経験したことや考えたことを話し，伝え合う喜びを味わう。

(3) 日常生活に必要な言葉が分かるようになるとともに，絵本や物語などに親しみ，先生や友達と心を通わせる。

2 内　容

(1) 先生や友達の言葉や話に興味や関心をもち，親しみをもって聞いた

---

(11) 幼稚園内外の行事において国旗に親しむ。

3 内容の取扱い

上記の取扱いに当たっては，次の事項に留意する必要がある。

(1) 幼児が，遊びの中で周囲の環境とかかわり，次第に周囲の世界に好奇心を抱き，その意味や操作の仕方に関心をもち，物事の法則性に気付き，自分なりに考えることができるようになる過程を大切にすること。

(2) 幼児期において自然のもつ意味は大きく，自然の大きさ，美しさ，不思議さなどに直接触れる体験を通して，幼児の心が安らぎ，豊かな感情，好奇心，思考力，表現力の基礎が培われることを踏まえ，幼児が自然とのかかわりを深めることができるよう工夫すること。

(3) 身近な事象や動植物に対する感動を伝え合い，共感し合うことなどを通して自分からかかわろうとする意欲を育てるとともに，様々なかかわり方を通してそれらに対する親しみや畏敬の念，生命を大切にする気持ち，公共心，探究心などが養われるようにすること。

(4) 数量や文字などに関しては，日常生活の中で幼児自身の必要感に基づく体験を大切にし，数量や文字などに関する興味や関心，感覚が養われるようにすること。

言　葉

〔経験したことや考えたことなどを自分なりの言葉で表現し，相手の話す言葉を聞こうとする意欲や態度を育て，言葉に対する感覚や言葉で表現する力を養う。〕

1 ねらい

(1) 自分の気持ちを言葉で表現する楽しさを味わう。

(2) 人の言葉や話などをよく聞き，自分の経験したことや考えたことを話し，伝え合う喜びを味わう。

(3) 日常生活に必要な言葉が分かるようになるとともに，絵本や物語などに親しみ，先生や友達と心を通わせる。

2 内　容

(1) 先生や友達の言葉や話に興味や関心をもち，親しみをもって聞いた

り，話したりする。
(2) したり，見たり，聞いたり，感じたり，考えたりなどしたことを自分なりに言葉で表現する。
(3) したいこと，してほしいことを言葉で表現したり，分からないことを尋ねたりする。
(4) 人の話を注意して聞き，相手に分かるように話す。
(5) 生活の中で必要な言葉が分かり，使う。
(6) 親しみをもって日常のあいさつをする。
(7) 生活の中で言葉の楽しさや美しさに気付く。
(8) いろいろな体験を通じてイメージや言葉を豊かにする。
(9) 絵本や物語などに親しみ，興味をもって聞き，想像をする楽しさを味わう。
(10) 日常生活の中で，文字などで伝える楽しさを味わう。

3　内容の取扱い

上記の取扱いに当たっては，次の事項に留意する必要がある。
(1) 言葉は，身近な人に親しみをもって接し，自分の感情や意志などを伝え，それに相手が応答し，その言葉を聞くことを通して次第に獲得されていくものであることを考慮して，幼児が教師や他の幼児とかかわることにより心を動かすような体験をし，言葉を交わす喜びを味わえるようにすること。
(2) 幼児が自分の思いを言葉で伝えるとともに，教師や他の幼児などの話を興味をもって注意して聞くことを通して次第に話を理解するようになっていき，言葉による伝え合いができるようにすること。
(3) 絵本や物語などで，その内容と自分の経験とを結び付けたり，想像を巡らせたりするなど，楽しみを十分に味わうことによって，次第に豊かなイメージをもち，言葉に対する感覚が養われるようにすること。
(4) 幼児が日常生活の中で，文字などを使いながら思ったことや考えたことを伝える喜びや楽しさを味わい，文字に対する興味や関心をもつようにすること。

表　現

〔感じたことや考えたことを自分なりに表現することを通して，豊かな〕

り，話したりする。
(2) したこと，見たこと，聞いたこと，感じたことなどを自分なりに言葉で表現する。
(3) したいこと，してほしいことを言葉で表現したり，分からないことを尋ねたりする。
(4) 人の話を注意して聞き，相手に分かるように話す。
(5) 生活の中で必要な言葉が分かり，使う。
(6) 親しみをもって日常のあいさつをする。
(7) 生活の中で言葉の楽しさや美しさに気付く。
(8) いろいろな体験を通じてイメージや言葉を豊かにする。
(9) 絵本や物語などに親しみ，興味をもって聞き，想像をする楽しさを味わう。
(10) 日常生活の中で，文字などで伝える楽しさを味わう。

3　内容の取扱い

上記の取扱いに当たっては，次の事項に留意する必要がある。
(1) 言葉は，身近な人に親しみをもって接し，自分の感情や意志などを伝え，それに相手が応答し，その言葉を聞くことを通して次第に獲得されていくものであることを考慮して，幼児が教師や他の幼児とかかわることにより心を動かすような体験をし，言葉を交わす喜びを味わえるようにすること。
(2) 絵本や物語などで，その内容と自分の経験とを結び付けたり，想像を巡らせたりする楽しみを十分に味わうことによって，次第に豊かなイメージをもち，言葉に対する感覚が養われるようにすること。
(3) 幼児が日常生活の中で，文字などを使いながら思ったことや考えたことを伝える喜びや楽しさを味わい，文字に対する興味や関心をもつようにすること。

表　現

〔感じたことや考えたことを自分なりに表現することを通して，豊かな〕

〈感性や表現する力を養い，創造性を豊かにする。〉

1 ねらい

(1) いろいろなものの美しさなどに対する豊かな感性をもつ。
(2) 感じたことや考えたことを自分なりに表現して楽しむ。
(3) 生活の中でイメージを豊かにし，様々な表現を楽しむ。

2 内　容

(1) 生活の中で様々な音，色，形，手触り，動きなどに気付いたり，感じたりするなどして楽しむ。
(2) 生活の中で美しいものや心を動かす出来事に触れ，イメージを豊かにする。
(3) 様々な出来事の中で，感動したことを伝え合う楽しさを味わう。
(4) 感じたこと，考えたことなどを音や動きなどで表現したり，自由にかいたり，つくったりなどする。
(5) いろいろな素材に親しみ，工夫して遊ぶ。
(6) 音楽に親しみ，歌を歌ったり，簡単なリズム楽器を使ったりなどする楽しさを味わう。
(7) かいたり，つくったりすることを楽しみ，遊びに使ったり，飾ったりなどする。
(8) 自分のイメージを動きや言葉などで表現したり，演じて遊んだりするなどの楽しさを味わう。

3 内容の取扱い

上記の取扱いに当たっては，次の事項に留意する必要がある。

(1) 豊かな感性は，自然などの身近な環境と十分にかかわる中で美しいもの，優れたもの，心を動かす出来事などに出会い，そこから得た感動を他の幼児や教師と共有し，様々に表現することなどを通して養われるようにすること。
(2) 幼児の自己表現は素朴な形で行われることが多いので，教師はそのような表現を受容し，幼児自身の表現しようとする意欲を受け止めて，幼児が生活の中で幼児らしい様々な表現を楽しむことができるようにすること。
(3) 生活経験や発達に応じ，自ら様々な表現を楽しみ，表現する意欲を十分に発揮させることができるように，遊具や用具などを整えたり，

〈感性や表現する力を養い，創造性を豊かにする。〉

1 ねらい

(1) いろいろなものの美しさなどに対する豊かな感性をもつ。
(2) 感じたことや考えたことを自分なりに表現して楽しむ。
(3) 生活の中でイメージを豊かにし，様々な表現を楽しむ。

2 内　容

(1) 生活の中で様々な音，色，形，手触り，動きなどに気付いたり，楽しんだりする。
(2) 生活の中で美しいものや心を動かす出来事に触れ，イメージを豊かにする。
(3) 様々な出来事の中で，感動したことを伝え合う楽しさを味わう。
(4) 感じたこと，考えたことなどを音や動きなどで表現したり，自由にかいたり，つくったりする。
(5) いろいろな素材に親しみ，工夫して遊ぶ。
(6) 音楽に親しみ，歌を歌ったり，簡単なリズム楽器を使ったりする楽しさを味わう。
(7) かいたり，つくったりすることを楽しみ，遊びに使ったり，飾ったりする。
(8) 自分のイメージを動きや言葉などで表現したり，演じて遊んだりする楽しさを味わう。

3 内容の取扱い

上記の取扱いに当たっては，次の事項に留意する必要がある。

(1) 豊かな感性は，自然などの身近な環境と十分にかかわる中で美しいもの，優れたもの，心を動かす出来事などに出会い，そこから得た感動を他の幼児や教師と共有し，様々に表現することなどを通して養われるようにすること。
(2) 幼児の自己表現は素朴な形で行われることが多いので，教師はそのような表現を受容し，幼児自身の表現しようとする意欲を受け止めて，幼児が生活の中で幼児らしい様々な表現を楽しむことができるようにすること。
(3) 生活経験や発達に応じ，自ら様々な表現を楽しみ，表現する意欲を十分に発揮させることができるような遊具や用具などを整え，自己表

他の幼児の表現に触れられるよう配慮したりし，表現する過程を大切にして自己表現を楽しめるように工夫すること。

第３章　指導計画及び教育課程に係る教育時間の終了後等に行う教育活動などの留意事項

第１　指導計画の作成に当たっての留意事項

幼稚園教育は，幼児が自ら意欲をもって環境とかかわることによりつくり出される具体的な活動を通して，その目標の達成を図るものである。

幼稚園においてはこのことを踏まえ，幼児期にふさわしい生活が展開され，適切な指導が行われるよう，次の事項に留意して調和のとれた組織的，発展的な指導計画を作成し，幼児の活動に沿った柔軟な指導を行わなければならない。

１　一般的な留意事項

(1) 指導計画は，幼児の発達に即して一人一人の幼児が幼児期にふさわしい生活を展開し，必要な体験を得られるようにするために，具体的に作成すること。

(2) 指導計画の作成に当たっては，次に示すところにより，具体的なねらい及び内容を明確に設定し，適切な環境を構成することなどにより活動が選択・展開されるようにすること。

ア　具体的なねらい及び内容は，幼稚園生活における幼児の発達の過程を見通し，幼児の生活の連続性，季節の変化などを考慮して，幼児の興味や関心，発達の実情などに応じて設定すること。

イ　環境は，具体的なねらいを達成するために適切なものとなるように構成し，幼児が自らその環境にかかわることにより様々な活動を展開しつつ必要な体験を得られるようにすること。その際，幼児の生活する姿や発想を大切にし，常にその環境が適切なものとなるようにすること。

ウ　幼児の行う具体的な活動は，生活の流れの中で様々に変化するものであることに留意し，幼児が望ましい方向に向かって自ら活動を

現を楽しめるように工夫すること。

第３章　指導計画作成上の留意事項

幼稚園教育は，幼児が自ら意欲をもって環境とかかわることによりつくり出される具体的な活動を通して，その目標の達成を図るものである。

幼稚園においてはこのことを踏まえ，幼児期にふさわしい生活が展開され，適切な指導が行われるよう，次の事項に留意して調和のとれた組織的，発展的な指導計画を作成し，幼児の活動に沿った柔軟な指導を行わなければならない。

１　一般的な留意事項

(1) 指導計画は，幼児の発達に即して一人一人の幼児が幼児期にふさわしい生活を展開し，必要な体験を得られるようにするために，具体的に作成すること。

(2) 指導計画作成に当たっては，次に示すところにより，具体的なねらい及び内容を明確に設定し，適切な環境を構成することなどにより活動が選択・展開されるようにすること。

ア　具体的なねらい及び内容は，幼稚園生活における幼児の発達の過程を見通し，幼児の生活の連続性，季節の変化などを考慮して，幼児の興味や関心，発達の実情などに応じて設定すること。

イ　環境は具体的なねらいを達成するために適切なものとなるように構成し，幼児が自らその環境にかかわることにより様々な活動を展開しつつ必要な体験を得られるようにすること。その際，幼児の生活する姿や発想を大切にし，常にその環境が適切なものとなるようにすること。

ウ　幼児の行う具体的な活動は，生活の流れの中で様々に変化するものであることに留意し，幼児が望ましい方向に向かって自ら活動を

展開していくことができるよう必要な援助をすること。	展開していくことができるよう必要な援助をすること。
その際，幼児の実態及び幼児を取り巻く状況の変化などに即して指導の過程についての反省や評価を適切に行い，常に指導計画の改善を図ること。	その際，幼児の実態及び幼児を取り巻く状況の変化などに即して指導の過程についての反省や評価を適切に行い，常に指導計画の改善を図ること。
(3) 幼児の生活は，入園当初の一人一人の遊びや教師との触れ合いを通して幼稚園生活に親しみ，安定していく時期から，やがて友達同士で目的をもって幼稚園生活を展開し，深めていく時期などに至るまでの過程を様々に経ながら広げられていくものであることを考慮し，活動がそれぞれの時期にふさわしく展開されるようにすること。その際，入園当初，特に，3歳児の入園については，家庭との連携を緊密にし，生活のリズムや安全面に十分配慮すること。また，認定こども園（就学前の子どもに関する教育，保育等の総合的な提供の推進に関する法律（平成18年法律第77号）第6条第2項に規定する認定こども園をいう。）である幼稚園については，幼稚園入園前の当該認定こども園における生活経験に配慮すること。	(3) 幼児の生活は，入園当初の一人一人の遊びや教師との触れ合いを通して幼稚園生活に親しみ，安定していく時期から，やがて友達同士で目的をもって幼稚園生活を展開し，深めていく時期などに至るまでの過程を様々に経ながら広げられていくものであることを考慮し，活動がそれぞれの時期にふさわしく展開されるようにすること。特に，3歳児の入園については，家庭との連携を緊密にし，生活のリズムや安全面に十分配慮すること。
(4) 幼児が様々な人やものとのかかわりを通して，多様な体験をし，心身の調和のとれた発達を促すようにしていくこと。その際，心が動かされる体験が次の活動を生み出すことを考慮し，一つ一つの体験が相互に結び付き，幼稚園生活が充実するようにすること。	
(5) 長期的に発達を見通した年，学期，月などにわたる長期の指導計画やこれとの関連を保ちながらより具体的な幼児の生活に即した週，日などの短期の指導計画を作成し，適切な指導が行われるようにすること。特に，週，日などの短期の指導計画については，幼児の生活のリズムに配慮し，幼児の意識や興味の連続性のある活動が相互に関連して幼稚園生活の自然な流れの中に組み込まれるようにすること。	(4) 長期的に発達を見通した年，学期，月などにわたる指導計画やこれとの関連を保ちながらより具体的な幼児の生活に即した週，日などの指導計画を作成し，適切な指導が行われるようにすること。特に，週，日などの指導計画については，幼児の生活のリズムに配慮し，幼児の意識や興味の連続性のある活動が相互に関連して幼稚園生活の自然な流れの中に組み込まれるようにすること。
(6) 幼児の行う活動は，個人，グループ，学級全体などで多様に展開されるものであるが，いずれの場合にも，幼稚園全体の教師による協力体制をつくりながら，一人一人の幼児が興味や欲求を十分に満足させるよう適切な援助を行うようにすること。	(5) 幼児の行う活動は，個人，グループ，学級全体などで多様に展開されるものであるが，いずれの場合にも，幼稚園全体の教師による協力体制をつくりながら，一人一人の幼児が興味や欲求を十分に満足させるよう適切な援助を行うようにすること。
(7) 幼児の主体的な活動を促すためには，教師が多様なかかわりをもつことが重要であることを踏まえ，教師は，理解者，共同作業者など様々	(6) 幼児の主体的な活動を促すためには，教師が多様なかかわりをもつことが重要であることを踏まえ，教師は，理解者，共同作業者など様々

な役割を果たし，幼児の発達に必要な豊かな体験が得られるよう，活動の場面に応じて，適切な指導を行うようにすること。

(8) 幼児の生活は，家庭を基盤として地域社会を通じて次第に広がりをもつものであることに留意し，家庭との連携を十分に図るなど，幼稚園における生活が家庭や地域社会と連続性を保ちつつ展開されるようにすること。その際，地域の自然，人材，行事や公共施設などの地域の資源を積極的に活用し，幼児が豊かな生活体験を得られるように工夫すること。また，家庭との連携に当たっては，保護者との情報交換の機会を設けたり，保護者と幼児との活動の機会を設けたりなどすることを通じて，保護者の幼児期の教育に関する理解が深まるよう配慮すること。

(9) 幼稚園においては，幼稚園教育が，小学校以降の生活や学習の基盤の育成につながることに配慮し，幼児期にふさわしい生活を通して，創造的な思考や主体的な生活態度などの基礎を培うようにすること。

2　特に留意する事項

(1) 安全に関する指導に当たっては，情緒の安定を図り，遊びを通して状況に応じて機敏に自分の体を動かすことができるようにするとともに，危険な場所や事物などが分かり，安全についての理解を深めるようにすること。また，交通安全の習慣を身に付けるようにするとともに，災害などの緊急時に適切な行動がとれるようにするための訓練なども行うようにすること。

(2) 障害のある幼児の指導に当たっては，集団の中で生活することを通して全体的な発達を促していくことに配慮し，特別支援学校などの助言又は援助を活用しつつ，例えば指導についての計画又は家庭や医療，福祉などの業務を行う関係機関と連携した支援のための計画を個別に作成することなどにより，個々の幼児の障害の状態などに応じた指導内容や指導方法の工夫を計画的，組織的に行うこと。

(3) 幼児の社会性や豊かな人間性をはぐくむため，地域や幼稚園の実態等により，特別支援学校などの障害のある幼児との活動を共にする機会を積極的に設けるよう配慮すること。

(4) 行事の指導に当たっては，幼稚園生活の自然の流れの中で生活に変

な役割を果たし，幼児の発達に必要な豊かな体験が得られるよう，活動の場面に応じて，適切な指導を行うようにすること。

(7) 幼児の生活は，家庭を基盤として地域社会を通じて次第に広がりをもつものであることに留意し，家庭との連携を十分に図るなど，幼稚園における生活が家庭や地域社会と連続性を保ちつつ展開されるようにすること。その際，地域の自然，人材，行事や公共施設などを積極的に活用し，幼児が豊かな生活体験を得られるように工夫すること。

(8) 幼稚園においては，幼稚園教育が，小学校以降の生活や学習の基盤の育成につながることに配慮し，幼児期にふさわしい生活を通して，創造的な思考や主体的な生活態度などの基礎を培うようにすること。

2　特に留意する事項

(1) 安全に関する指導に当たっては，情緒の安定を図り，遊びを通して状況に応じて機敏に自分の体を動かすことができるようにするとともに，危険な場所や事物などが分かり，安全についての理解を深めるようにすること。また，交通安全の習慣を身に付けるようにするとともに，災害時に適切な行動がとれるようにするための訓練なども行うようにすること。

(2) 障害のある幼児の指導に当たっては，家庭及び専門機関との連携を図りながら，集団の中で生活することを通して全体的な発達を促すとともに，障害の種類，程度に応じて適切に配慮すること。

(3) 幼児の社会性や豊かな人間性をはぐくむため，地域や幼稚園の実態等により，特別支援学校等の障害のある幼児との交流の機会を積極的に設けるよう配慮すること。

(4) 行事の指導に当たっては，幼稚園生活の自然の流れの中で生活に変

化や潤いを与え，幼児が主体的に楽しく活動できるようにすること。なお，それぞれの行事についてはその教育的価値を十分検討し，適切なものを精選し，幼児の負担にならないようにすること。

(5) 幼稚園教育と小学校教育との円滑な接続のため，幼児と児童の交流の機会を設けたり，小学校の教師との意見交換や合同の研究の機会を設けたりするなど，連携を図るようにすること。

第2 教育課程に係る教育時間の終了後等に行う教育活動などの留意事項

1 地域の実態や保護者の要請により，教育課程に係る教育時間の終了後等に希望する者を対象に行う教育活動については，幼児の心身の負担に配慮すること。また，以下の点にも留意すること。

(1) 教育課程に基づく活動を考慮し，幼児期にふさわしい無理のないものとなるようにすること。その際，教育課程に基づく活動を担当する教師と緊密な連携を図るようにすること。

(2) 家庭や地域での幼児の生活も考慮し，教育課程に係る教育時間の終了後等に行う教育活動の計画を作成するようにすること。その際，地域の様々な資源を活用しつつ，多様な体験ができるようにすること。

(3) 家庭との緊密な連携を図るようにすること。その際，情報交換の機会を設けたりするなど，保護者が，幼稚園と共に幼児を育てるという意識が高まるようにすること。

(4) 地域の実態や保護者の事情とともに幼児の生活のリズムを踏まえつつ，例えば実施日数や時間などについて，弾力的な運用に配慮すること。

(5) 適切な指導体制を整備した上で，幼稚園の教師の責任と指導の下に行うようにすること。

2 幼稚園の運営に当たっては，子育ての支援のために保護者や地域の人々に機能や施設を開放して，園内体制の整備や関係機関との連携及び協力に配慮しつつ，幼児期の教育に関する相談に応じたり，情報を提供したり，幼児と保護者との登園を受け入れたり，保護者同士の交流の機会を提供したりするなど，地域における幼児期の教育のセンターとしての役割を果たすよう努めること。

化や潤いを与え，幼児が主体的に楽しく活動できるようにすること。なお，それぞれの行事についてはその教育的価値を十分検討し，適切なものを精選し，幼児の負担にならないようにすること。

(5) 幼稚園の運営に当たっては，子育ての支援のために地域の人々に施設や機能を開放して，幼児教育に関する相談に応じるなど，地域の幼児教育のセンターとしての役割を果たすよう努めること。

(6) 地域の実態や保護者の要請により，教育課程に係る教育時間の終了後に希望する者を対象に行う教育活動については，適切な指導体制を整えるとともに，第1章に示す幼稚園教育の基本及び目標を踏まえ，また，教育課程に基づく活動との関連，幼児の心身の負担，家庭との緊密な連携などに配慮して実施すること。

資料5　子ども・子育て支援法案要綱

（文部科学省ＨＰより引用）

子ども・子育て支援法案要綱

第一　総則

一　目的

この法律は、我が国における急速な少子化の進行並びに家庭及び地域を取り巻く環境の変化に鑑み、児童福祉法その他の子どもに関する法律による施策と相まって、子ども・子育て支援給付その他の子ども及び子どもを養育している者に必要な支援を行い、もって一人一人の子どもが健やかに成長することができる社会の実現に寄与することを目的とするものとすること。（第一条関係）

二　基本理念

1　子ども・子育て支援は、父母その他の保護者が子育てについての第一義的責任を有するという基本的認識の下に、家庭、学校、地域、職域その他の社会のあらゆる分野における全ての構成員が、各々の役割を果たすとともに、相互に協力して行われなければならないものとすること。（第二条第一項関係）

2　子ども・子育て支援給付その他の子ども・子育て支援の内容及び水準は、全ての子どもが健やかに成長するように支援するものであって、良質かつ適切なものでなければならないものとすること。（第二条第二項関係）

3　子ども・子育て支援給付その他の子ども・子育て支援は、地域の実情に応じて、総合的かつ効率的に提供されるよう配慮して行われなければならないものとすること。（第二条第三項関係）

三　市町村等の責務

1　市町村は、この法律の実施に関し、次に掲げる責務を有するものとすること。

（一）子どもの健やかな成長のために適切な環境が等しく確保されるよう、子ども及びその保護者に必要な子ども・子育て支援給付及び地域子ども・子育て支援事業を総合的かつ計画的に行うこと。（第三条第一項第一号関係）

（二）子ども及びその保護者が、確実に子ども・子育て支援給付を受け、及び地域子ども・子育て支援事業その他の子ども・子育て支援を円滑に利用するために必要な援助を行うとともに、関係機関との連絡調整その他の便宜の提供を行うこと。（第三条第一項第二号関係）

（三）子ども及びその保護者が置かれている環境に応じて、子どもの保護者の選択に基づき、多様な施設又は事業者から、良質かつ適切な教育及び保育その他の子ども・子育て支援が総合的かつ効率的に提供されるよう、その提供体制を

確保すること。（第三条第一項第三号関係）

2　都道府県は、市町村に対する必要な助言及び適切な援助を行うとともに、子ども・子育て支援のうち、特に専門性の高い施策及び各市町村の区域を超えた広域的な対応が必要な施策を講じなければならないものとすること。（第三条第二項関係）

3　国は、市町村及び都道府県と相互に連携を図りながら、子ども・子育て支援の提供体制の確保に関する施策その他の必要な各般の措置を講じなければならないものとすること。（第三条第三項関係）

四　事業主の責務

事業主は、労働者の職業生活と家庭生活との両立が図られるようにするために必要な雇用環境の整備を行うことにより当該労働者の子育ての支援に努めるとともに、国又は地方公共団体が講ずる子ども・子育て支援に協力しなければならないものとすること。（第四条関係）

五　国民の責務

国民は、子ども・子育て支援の重要性に対する関心と理解を深めるとともに、国又は地方公共団体が講ずる子ども・子育て支援に協力しなければならないものとすること。（第五条関係）

六　定義

1　子ども及び小学校就学前子ども

「子ども」とは、十八歳に達する日以後の最初の三月三十一日までの間にある者をいい、「小学校就学前子ども」とは、子どものうち小学校就学の始期に達するまでの者をいうものとすること。（第六条第一項関係）

2　子ども・子育て支援

「子ども・子育て支援」とは、全ての子どもの健やかな成長のために適切な環境が等しく確保されるよう、国若しくは地方公共団体又は地域における子育ての支援を行う者が実施する子ども及び子どもの保護者に対する支援をいうものとすること。（第七条第一項関係）

3　教育及び保育

「教育」とは、満三歳以上の小学校就学前子どもに対して義務教育及びその後の教育の基礎を培うものとして教育基本法に規定する法律に定める学校において行われる教育をいい、「保育」とは、児童福祉法に規定する保育をいうものとすること。（第七条第二項及び第三項関係）

4　こども園

「こども園」とは、総合こども園、幼稚園、保育所及び届出保育施設をいうものとすること。（第七条第四項関係）

5　地域型保育及び地域型保育事業

「地域型保育」とは、家庭的保育、小規模保育、居宅訪問型保育及び事業所内保育をいい、「地域型保育事業」とは、地域型保育を行う事業をいうものとすること。（第七条第五項関係）

第二　子ども・子育て支援給付

一　子ども・子育て支援給付

子ども・子育て支援給付は、子どものための現金給付及び子どものための教育・保育給付とするものとすること。（第八条関係）

二　子どものための現金給付

子どものための現金給付は、児童手当の支給とし、この法律に別段の定めがあるものを除き、児童手当法の定めるところによるものとすること。（第九条及び第十条関係）

三　子どものための教育・保育給付

1　子どものための教育・保育給付

子どものための教育・保育給付は、こども園給付費、特例こども園給付費、地域型保育給付費及び特例地域型保育給付費の支給とするものとすること。（第十一条関係）

2　支給認定等

（一）支給要件

子どものための教育・保育給付は、次に掲げる小学校就学前子どもの保護者に対し、その小学校就学前子どもの指定教育・保育、特別利用保育、特別利用教育・保育、指定地域型保育又は特例保育の利用について行うものとすること。（第十九条第一項関係）

イ　満三歳以上の小学校就学前子ども（ロに掲げる小学校就学前子どもに該当するものを除く。）

ロ　満三歳以上の小学校就学前子どもであって、保護者の労働又は疾病その他の内閣府令で定める事由により家庭において必要な保育を受けることが困難であるもの

ハ　満三歳未満の小学校就学前子どもであって、ロの内閣府令で定める事由により家庭において必要な保育を受けることが困難であるもの

（二）市町村の認定等

イ（一）のイからハまでに掲げる小学校就学前子どもの保護者は、子どものための教育・保育給付を受けようとするときは、市町村に対し、子どものための教育・保育給付を受ける資格を有すること及びその小学校就学前子どもの区分についての認定を申請し、認定を受けなければならないものとすること。（第二十条第一項関係）

ロ　イの認定は、原則として当該保護者の居住地の市町村が行うものとすること。（第二十条第二項関係）

ハ　市町村は、イの申請があった場合において、当該申請に係る小学校就学前子どもが（一）のロ又はハに該当すると認めるときは、当該小学校就学前子どもに係る保育必要量（こども園給付費等を支給する保育の量をいう。）の認定を行うものとすること。（第二十条第三項関係）

ニ　イ及びハの認定（以下「支給認定」という。）は、有効期間内に限り、その効力を有するものとすること。（第二十一条関係）

ホ　支給認定を受けた保護者（以下「支給認定保護者」という。）は、市町村に対し、その労働又は疾病の状況等を届け出、かつ、書類その他の物件を提出しなければならないものとすること。（第二十二条関係）

3　こども園給付費及び地域型保育給付費等の支給

（一）こども園給付費の支給

イ　市町村は、支給認定に係る小学校就学前子ども（以下「支給認定子ども」という。）が、市町村長が指定するこども園（以下「指定こども園」という。）から当該指定に係る教育・保育（2の（一）のイに掲げる小学校就学前子どもに該当する支給認定子どもにあっては総合こども園又は幼稚園において受ける教育に限り、2の（一）のロに掲げる小学校就学前子どもに該当する支給認定子どもにあっては総合こども園において受ける教育・保育等に限り、2の（一）のハに掲げる小学校就学前子どもに該当する支給認定子どもにあっては総合こども園、保育所等において受ける保育に限る。以下「指定教育・保育」という。）を受けたときは、当該支給認定子どもに係る支給認定保護者に対し、こども園給付費を支給するものとすること。（第二十七条第一項関係）

ロ　こども園給付費の額は、指定教育・保育に通常要する費用の額を勘案して内閣総理大臣が定める基準により算定した費用の額から当該支給認定保護者の属する世帯の所得の状況等を勘案して市町村が定める額を控除して得た額とするものとすること。（第二十七条第三項関係）

ハ　支給認定子どもが指定こども園から指定教育・保育を受けたときは、市町村は、支給認定保護者が当該指定こども園に支払うべき費用について、こども園給付費として支給すべき額の限度において、当該支給認定保護者に代わり、当該指定こども園に支払うことができるものとすること。（第二十七条第五項関係）

（二）特例こども園給付費の支給

市町村は、2の（一）のイに掲げる小学校就学前子どもに該当する支給認定子どもが、指定こども園（保育所又は届出保育施設に限る。）から特別利用保育（当該支給認定子どもに対して提供される教育に係る標準的な一日当たりの時間及び期間を勘案して内閣府令で定める一日当たりの時間及び期間の範囲内において行われる保育をいう。）を受けたとき、2の（一）のロに掲げる小学校就学前子どもに該当する支給認定子どもが、指定こども園（幼稚園又は保育所に限る。）から特別利用教育・保育（教育・保育（幼稚園にあっては教育に限り、保育所にあっては保育に限る。）をいう。）を受けたときその他必要があると認めるときは、特例こども園給付費を支給することができるものとすること。（第二十八条第一項関係）

（三）地域型保育給付費の支給

イ　市町村は、支給認定子ども（2の（一）のハに掲げる小学校就学前子どもに該当する支給認定子どもに限る。以下「満三歳未満保育認定子ども」という。）が、当該市町村の長が指定する地域型保育を行う事業者（以下「指定地域型保育事業者」という。）から当該指定に係る地域型保育（以下「指定地域型保育」という。）を受けたときは、当該満三歳未満保育認定子どもに係る支給認定保護者に対し、地域型保育給付費を支給するものとすること。（第二十九条第一項関係）

ロ　地域型保育給付費の額は、当該指定地域型保育に通常要する費用の額を勘案して内閣総理大臣が定める基準により算定した費用の額から当該支給認定保護者の属する世帯の所得の状況等を勘案して市町村が定める額を控除して得た額とするものとすること。（第二十九条第三項関係）

ハ　満三歳未満保育認定子どもが指定地域型保育事業者から指定地域型保育を受けたときは、市町村は、支給認定保護者が当該指定地域型保育事業者に支払うべき費用について、地域型保育給付費として支給すべき額の限度において、当該支給認定保護者に代わり、当該指定地域型保育事業者に支払うことができるものとすること。（第二十九条第五項関係）

（四）特例地域型保育給付費の支給

市町村は、指定教育・保育及び指定地域型保育の確保が著しく困難である離島等に居住地を有する支給認定保護者に係る支給認定子どもが、特例保育（指定教育・保育及び指定地域型保育以外の保育をいう。）を受けたときその他必要があると認めるときは、特例地域型保育給付費を支給することができるものとすること。（第三十条関係）

第三　指定こども園及び指定地域型保育事業者
一　指定こども園
1　指定こども園の指定
(一)こども園の指定は、こども園の設置者の申請により、こども園の区分に応じ、小学校就学前子どもの区分ごとの利用定員を定めて、市町村長が行うものとすること。(第三十一条第一項関係)
(二)市町村長は、こども園の指定をしようとするときは、あらかじめ、第七の二に掲げる合議制の機関等の意見を聴かなければならないものとすること。(第三十一条第二項関係)
(三)市町村長は、こども園の指定をしようとするときは、あらかじめ、都道府県知事に協議しなければならないものとすること。(第三十一条第三項関係)
(四)市町村長は、(一)の申請があった場合において、申請者が法人でないとき、当該申請に係るこども園の職員の人員が、市町村の条例で定める員数を満たしていないとき等に該当するときは、こども園の指定をしてはならないものとすること。(第三十一条第四項関係)
(五)市町村長は、(一)の申請があった場合において、指定こども園に係る利用定員の総数が、市町村子ども・子育て支援事業計画において定める必要利用定員総数に既に達している場合等は、こども園の指定をしないことができるものとすること。(第三十一条第五項から第七項まで関係)
2　指定こども園の設置者の責務
(一)指定こども園の設置者は、支給認定保護者から利用の申込みを受けたときは、正当な理由がなければ、これを拒んではならないものとすること。(第三十四条第一項関係)
(二)指定こども園の設置者は、関係機関との緊密な連携を図りつつ、良質な教育・保育を小学校就学前子どもの置かれている状況その他の事情に応じ、効果的に行うように努めなければならないこと等の責務を有するものとすること。(第三十四条第四項から第六項まで関係)
3　指定こども園の基準
指定こども園の設置者は、市町村の条例で定める人員、設備及び運営に関する基準に従い、指定教育・保育を提供しなければならないものとすること。(第三十五条第一項及び第二項　関係)
4　勧告、命令等
市町村長は、指定こども園の設置者が、指定こども園の職員の人員について市町村の条例で定める員数を満たしてい

ないと認めるとき等は、勧告、公表、命令等を行うことができるものとするとともに、指定の取消し、指定の効力を停止することができるものとすること。（第四十条及び第四十一条関係）

5　市町村によるあっせん及び要請

（一）市町村は、必要と認められる場合には、指定こども園の利用についてのあっせん等を行うとともに、必要に応じて、指定こども園の設置者に対し、支給認定子どもの利用の要請を行うものとすること。（第四十三条第一項関係）

（二）指定こども園の設置者は、当該あっせん及び要請に対し、協力しなければならないものとすること。（第四十三条第二項関係）

二　指定地域型保育事業者

1　指定地域型保育事業者の指定

（一）地域型保育事業者の指定は、地域型保育事業を行う者の申請により、地域型保育の種類及び当該地域型保育の種類に係る地域型保育事業を行う事業所（以下「地域型保育事業所」という。）ごとに、利用定員を定めて、市町村長が行い、当該指定をする市町村長がその長である市町村の区域に居住地を有する者に対する地域型保育給付費及び特例地域型保育給付費の支給について、その効力を有するものとすること。（第四十四条第一項及び第二項関係）

（二）市町村長は、（一）の指定の申請があった場合において、申請者が市町村の条例で定める者でないとき、当該申請に係る地域型保育事業所の職員の人員が、市町村の条例で定める員数を満たしていないとき等に該当するときは、地域型保育事業者の指定をしてはならないものとすること。（第四十四条第四項関係）

（三）市町村長は、（一）の指定の申請があった場合において、当該市町村における指定地域型保育事業所に係る利用定員の総数が、市町村子ども・子育て支援事業計画において定める当該市町村における指定地域型保育事業所に係る必要利用定員総数に既に達している場合等は、指定をしないことができるものとすること。（第四十四条第六項関係）

2　指定地域型保育事業者の責務

（一）指定地域型保育事業者は、支給認定保護者から利用の申込みを受けたときは、正当な理由がなければ、これを拒んではならないものとすること。（第四十七条第一項関係）

（二）指定地域型保育事業者は、関係機関との緊密な連携を図りつつ、良質な地域型保育を小学校就学前子どもの置かれている状況その他の事情に応じ、効果的に行うように努めなければならないこと等の責務を有するものとすること。（第四十七条第四項から第六項まで関係）

3　指定地域型保育事業の基準

しなければならないものとすること。（第四十八条第一項及び第二項関係）

4　勧告、命令等

市町村長は、指定地域型保育事業者が、当該指定地域型保育事業所の職員の人員について市町村の条例で定める員数を満たしていないと認めるとき等は、勧告、公表、命令等を行うことができるものとするとともに、指定の取消し、指定の効力を停止することができるものとすること。（第五十二条及び第五十三条関係）

5　市町村によるあっせん及び要請

（一）市町村は、必要と認められる場合には、指定地域型保育事業の利用についてのあっせん等を行うとともに、必要に応じて、指定地域型保育事業者に対し、満三歳未満保育認定子どもの利用の要請を行うものとすること。（第五十五条第一項関係）

（二）指定地域型保育事業者は、当該あっせん及び要請に対し、協力しなければならないものとすること。（第五十五条第二項関係）

三　業務管理体制の整備等

指定こども園の設置者及び指定地域型保育事業者（以下「指定教育・保育提供者」という。）は、業務管理体制を整備し、業務管理体制の整備に関する事項を市町村長等に届け出なければならないものとすること。（第五十六条第一項及び第二項関係）

四　教育・保育に関する情報の報告及び公表

指定教育・保育提供者は、その提供する教育・保育の内容及び教育・保育を提供する施設又は事業者の運営状況に関する情報であって、小学校就学前子どもの保護者が適切かつ円滑に教育・保育を小学校就学前子どもに受けさせる機会を確保するために公表されることが必要な情報を、教育・保育を提供する施設又は事業所の所在地の都道府県知事に報告しなければならないものとすること。（第五十九条第一項関係）

第四　地域子ども・子育て支援事業

市町村は、市町村子ども・子育て支援事業計画に従って、地域子ども・子育て支援事業として、時間外保育の費用の全部又は一部の助成を行うことにより必要な保育を確保する事業、世帯の所得の状況その他の事情を勘案して市町村が定める基準に該当する支給認定保護者が支払うべき教育・保育に必要な物品の購入に要する費用等の全部又は一部を助成する事業、多様な事業者の能力を活用した指定こども園等の設置又は運営を促進するための事業、放課後児

童健全育成事業、子育て短期支援事業、乳児家庭全戸訪問事業、養育支援訪問事業等、地域子育て支援拠点事業、一時預かり事業、病児保育事業、子育て援助活動支援事業及び妊婦に対して健康診査を実施する事業を行うものとすること。（第六十条関係）

第五　子ども・子育て支援事業計画

一　基本指針

内閣総理大臣は、教育・保育及び地域子ども・子育て支援事業の提供体制を整備し、子ども・子育て支援給付及び地域子ども・子育て支援事業の円滑な実施の確保その他子ども・子育て支援のための施策を総合的に推進するための基本的な指針（以下「基本指針」という。）を定め、基本指針においては、子ども・子育て支援の意義並びに子ども・子育て支援給付に係る教育・保育を一体的に提供する体制その他の教育・保育を提供する体制の確保及び地域子ども・子育て支援事業の実施に関する基本的事項等について定めるものとすること。（第六十一条第一項及び第二項関係）

二　市町村子ども・子育て支援事業計画及び都道府県子ども・子育て支援事業支援計画

市町村及び都道府県は、基本指針に即して、五年を一期とする教育・保育及び地域子ども・子育て支援事業の提供体制の確保その他この法律に基づく業務の円滑な実施に関する計画を定めるものとすること。（第六十二条第一項及び第六十三条第一項関係）

第六　費用等

一　都道府県の負担及び補助

1　都道府県は、市町村が支弁する都道府県及び市町村以外の者が設置する指定こども園に係るこども園給付費及び特例こども園給付費並びに地域型保育給付費及び特例地域型保育給付費の支給に要する費用のうち、国及び都道府県が負担すべきものとして政令で定めるところにより算定した額（以下「こども園給付費等負担対象額」という。）の四分の一を負担するものとすること。（第六十八条第一項関係）

2　都道府県は、市町村に対し、市町村が支弁する地域子ども・子育て支援事業に要する費用に充てるため、当該都道府県の予算の範囲内で、交付金を交付することができるものとすること。（第六十八条第二項関係）

二　市町村に対する交付金の交付等

1　国は、市町村が支弁する都道府県及び市町村以外の者が設置する指定こども園に係るこども園給付費及び特例こども園給付費並びに地域型保育給付費及び特例地域型保育給付費の支給に要する費用のうち、こども園給付費等負担対象額の二分の一を負担するものとすること。（第六十九条第一項関係）

2　国は、市町村に対し、市町村が支弁する地域子ども・子育て支援事業に要する費用に充てるため、予算の範囲内で、交付金を交付することができるものとすること。（第六十九条第二項関係）

三　拠出金の徴収及び納付義務等

1　政府は、児童手当の支給に要する費用及び地域子ども・子育て支援事業（時間外保育の費用の全部又は一部の助成を行うことにより必要な保育を確保する事業、放課後児童健全育成事業及び病児保育事業に限る。）に要する費用に充てるため、一般事業主から、拠出金を徴収するものとし、一般事業主は拠出金を納付する義務を負うものとすること。（第七十条関係）

2　拠出金率は、千分の一・五以内において政令で定めるものとすること。（第七十一条第二項関係）

第七　子ども・子育て会議等

一　内閣府に、子ども・子育て会議を置くものとすること。（第七十三条関係）

二　市町村は、条例で定めるところにより、こども園の指定について意見を聴く等のため、審議会その他の合議制の機関を置くことができるものとすること。（第七十八条第一項関係）

三　都道府県は、条例で定めるところにより、都道府県子ども・子育て支援事業支援計画に関し意見を聴く等のため、審議会その他の合議制の機関を置くことができるものとすること。（第七十八条第四項関係）

第八　その他

その他所要の規定を整備すること。

第九　施行期日

この法律は、社会保障の安定財源の確保等を図る税制の抜本的な改革を行うための消費税法等の一部を改正する等の法律（平成二十四年法律第　　号）附則第一条第三号に掲げる規定の施行の日の属する年の翌年の四月一日までの間において政令で定める日（以下「施行日」という。）から施行するものとすること。ただし、次に掲げる規定は、当該各号に定める日から施行すること。（附則第一条関係）

一　第七及び第十　平成二十五年四月一日

二　第十二　社会保障の安定財源の確保等を図る税制の抜本的な改革を行うための消費税法等の一部を改正する等の法律の施行の日の属する年の翌年の四月一日までの間において政令で定める日

第十　保育の需要及び供給の状況の把握

国及び地方公共団体は、施行日の前日までの間、子ども・子育て支援の推進を図るための基礎資料として、保育の需

要及び供給の状況の把握に努めなければならないものとすること。（附則第三条関係）

第十一　経過措置に関する事項

一　指定こども園等に関する経過措置を定めること。（附則第五条及び第八条関係）

二　第二の三の2の（一）のイに掲げる小学校就学前子どもに該当する支給認定子どもに係る子どものための教育・保育給付の額及び費用の負担等に関する経過措置を定めること。（附則第九条関係）

第十二　保育緊急確保事業

一　子ども・子育て支援法及び総合こども園法の施行に伴う関係法律の整備等に関する法律（平成二十四年法律第　号）による改正前の児童福祉法に規定する特定市町村（以下「特定市町村」という。）は、施行日の前日までの間、小学校就学前子どもの保育その他の子ども・子育て支援に関する事業（以下「保育緊急確保事業」という。）のうち必要と認めるものを同法に規定する市町村保育計画に定め、当該市町村保育計画に従って当該保育緊急確保事業を行うものとすること。（附則第十条第一項関係）

二　特定市町村以外の市町村（以下「事業実施市町村」という。）は、施行日の前日までの間、保育緊急確保事業を行うことができるものとすること。（附則第十条第二項関係）

三　国は、保育緊急確保事業を行う特定市町村又は事業実施市町村に対し、予算の範囲内で、当該保育緊急確保事業に要する費用の一部を補助することができるものとすること。（附則第十条第四項関係）

資料6 就学前の子どもに関する教育、保育等の総合的な提供の推進に関する法律（抄）

（文部科学省ＨＰより引用）

○ 就学前の子どもに関する教育、保育等の総合的な提供の推進に関する法律（平成十八年法律第七十七号）（抄）（第二十条関係）

（傍線部分は改正部分）

改正案	現行
（教育、保育等を総合的に提供する施設の認定等） 第三条　幼稚園又は保育所等（以下「施設」という。）の設置者（都道府県を除く。）は、その設置する施設が都道府県の条例で定める要件に適合している旨の都道府県知事（保育所に係る児童福祉法の規定による認可その他の処分をする権限に係る事務を地方自治法（昭和二十二年法律第六十七号）第百八十条の二の規定に基づく都道府県知事の委任を受けて当該都道府県の教育委員会が行う場合その他の文部科学省令・厚生労働省令で定める場合にあっては、都道府県の教育委員会。以下同じ。）の認定を受けることができる。 2　前項の条例で定める要件は、次に掲げる基準に従い、かつ、文部科学大臣と厚生労働大臣とが協議して定める施設の設備及び運営に関する基準を参酌して定めるものとする。 一　当該施設が幼稚園である場合にあっては、幼稚園教育要領（学校教育法第二十五条の規定に基づき幼稚園の教育課程その他の保育内容に関して文部科学大臣が定めるものをいう。）に従って編成された教育課程に基づく教育を行うほか、当該教育のための時間の終了後、当該幼稚園に在籍している子どものうち児童福祉法第三十九条第一項に規定する幼児に該当する者に対する保育を行うこと。	（教育、保育等を総合的に提供する施設の認定等） 第三条　幼稚園又は保育所等（以下「施設」という。）の設置者（都道府県を除く。）は、その設置する施設が次に掲げる要件に適合している旨の都道府県知事（保育所に係る児童福祉法の規定による認可その他の処分をする権限に係る事務を地方自治法（昭和二十二年法律第六十七号）第百八十条の二の規定に基づく都道府県知事の委任を受けて当該都道府県の教育委員会が行う場合その他の文部科学省令・厚生労働省令で定める場合にあっては、都道府県の教育委員会。以下同じ。）の認定を受けることができる。 一　当該施設が幼稚園である場合にあっては、幼稚園教育要領（学校教育法第二十五条の規定に基づき幼稚園の教育課程その他の保育内容に関して文部科学大臣が定めるものをいう。）に従って編成された教育課程に基づく教育を行うほか、当該教育のための時間の終了後、当該幼稚園に在籍している子どものうち児童福祉法第三十九条第一項に規定する幼児に該当する者に対する保育を行うこと。

二　当該施設が保育所等である場合にあっては、児童福祉法第三十九条第一項に規定する幼児に対する保育を行うほか、当該幼児以外の満三歳以上の子ども（当該施設が保育所である場合にあっては、当該保育所が所在する市町村（特別区を含む。以下同じ。）における同法第二十四条第四項に規定する保育の実施に対する需要の状況に照らして適当と認められる数の子どもに限る。）を保育し、かつ、満三歳以上の子どもに対し学校教育法第二十三条各号に掲げる目標が達成されるよう保育を行うこと。

三　子育て支援事業のうち、当該施設の所在する地域における教育及び保育に対する需要に照らし当該地域において実施することが必要と認められるものを、保護者の要請に応じ適切に提供し得る体制の下で行うこと。

3　幼稚園及び保育所等のそれぞれの用に供される建物及びその附属設備が一体的に設置されている場合における当該幼稚園及び保育所等（以下「幼保連携施設」という。）の設置者（都道府県を除く。）は、その設置する幼保連携施設が都道府県の条例で定める要件に適合している旨の都道府県知事の認定を受けることができる。

二　当該施設が保育所等である場合にあっては、児童福祉法第三十九条第一項に規定する幼児に対する保育を行うほか、当該幼児以外の満三歳以上の子ども（当該施設が保育所である場合にあっては、当該保育所が所在する市町村（特別区を含む。以下同じ。）における同法第二十四条第四項に規定する保育の実施に対する需要の状況に照らして適当と認められる数の子どもに限る。）を保育し、かつ、満三歳以上の子どもに対し学校教育法第二十三条各号に掲げる目標が達成されるよう保育を行うこと。

三　子育て支援事業のうち、当該施設の所在する地域における教育及び保育に対する需要に照らし当該地域において実施することが必要と認められるものを、保護者の要請に応じ適切に提供し得る体制の下で行うこと。

四　文部科学大臣と厚生労働大臣とが協議して定める施設の設備及び運営に関する基準を参酌して都道府県の条例で定める認定の基準に適合すること。

2　幼稚園及び保育所等のそれぞれの用に供される建物及びその附属設備が一体的に設置されている場合における当該幼稚園及び保育所等（以下「幼保連携施設」という。）の設置者（都道府県を除く。）は、その設置する幼保連携施設が次に掲げる要件に適合している旨の都道府県知事の認定を受けることができる。

一　次のいずれかに該当する施設であること。

イ　当該幼保連携施設を構成する保育所等において、満三歳以上の子どもに対し学校教育法第二十三条各号に掲げる目標が達成されるよ

4 前項の条例で定める要件は、次に掲げる基準に従い、かつ、文部科学大臣と厚生労働大臣とが協議して定める施設の設備及び運営に関する基準を参酌して定めるものとする。

一 次のいずれかに該当する施設であること。

イ 当該幼保連携施設を構成する保育所等において、満三歳以上の子どもに対し学校教育法第二十三条各号に掲げる目標が達成されるよう保育を行い、かつ、当該保育を実施するに当たり当該幼保連携施設を構成する幼稚園との緊密な連携協力体制が確保されていること。

ロ 当該幼保連携施設を構成する保育所等に入所していた子どもを引

う保育を行い、かつ、当該保育を実施するに当たり当該幼保連携施設を構成する幼稚園との緊密な連携協力体制が確保されていること。

ロ 当該幼保連携施設を構成する保育所等に入所していた子どもを引き続き当該幼保連携施設を構成する幼稚園に入園させて一貫した教育及び保育を行うこと。

二 子育て支援事業のうち、当該幼保連携施設の所在する地域における教育及び保育に対する需要に照らし当該地域において実施することが必要と認められるものを、保護者の要請に応じ適切に提供し得る体制の下で行うこと。

三 文部科学大臣と厚生労働大臣とが協議して定める施設の設備及び運営に関する基準を参酌して都道府県の条例で定める認定の基準に適合すること。

き続き当該幼保連携施設を構成する幼稚園に入園させて一貫した教育及び保育を行うこと。

二　子育て支援事業のうち、当該幼保連携施設の所在する地域における教育及び保育に対する需要に照らし当該地域において実施することが必要と認められるものを、保護者の要請に応じ適切に提供し得る体制の下で行うこと。

5　都道府県知事は、当該都道府県が設置する施設のうち、第一項又は第三項の条例で定める要件に適合していると認めるものについては、これを公示するものとする。

（認定の申請）

第四条　前条第一項又は第三項の認定を受けようとする者は、次に掲げる事項を記載した申請書に、その申請に係る施設が同条第一項又は第三項の条例で定める要件に適合していることを証する書類を添付して、これを都道府県知事に提出しなければならない。

一～五　（略）

2　前条第三項の認定に係る前項の申請については、幼保連携施設を構成する幼稚園の設置者と保育所等の設置者とが異なる場合には、これらの者が共同して行わなければならない。

（認定の有効期間）

第五条　（略）

2　（略）

3　都道府県知事は、当該都道府県が設置する施設のうち、第一項各号又は前項各号に掲げる要件に適合していると認めるものについては、これを公示するものとする。

（認定の申請）

第四条　前条第一項又は第二項の認定を受けようとする者は、次に掲げる事項を記載した申請書に、その申請に係る施設が同条第一項各号又は第二項各号に掲げる要件に適合していることを証する書類を添付して、これを都道府県知事に提出しなければならない。

一～五　（略）

2　前条第二項の認定に係る前項の申請については、幼保連携施設を構成する幼稚園の設置者と保育所等の設置者とが異なる場合には、これらの者が共同して行わなければならない。

（認定の有効期間）

第五条　（略）

2　（略）

3　前項の規定による申請書の提出があったときは、都道府県知事は、当該保育所が所在する市町村における児童福祉法第二十四条第四項に規定する保育の実施に対する需要の状況に照らし、当該保育所において同法第三十九条第一項に規定する幼児以外の満三歳以上の子どもに対する保育を引き続き行うことにより当該幼児の保育に支障が生じるおそれがあると認められる場合を除き、認定の有効期間を更新しなければならない。

（情報の提供）

第六条　都道府県知事は、第三条第一項又は第三項の認定をしたときは、インターネットの利用、印刷物の配布その他適切な方法により、当該認定を受けた施設において提供されるサービスを利用しようとする者に対し、第四条第一項各号に掲げる事項及び教育保育概要（当該施設において行われる教育及び保育並びに子育て支援事業の概要をいう。次条第一項において同じ。）についてその周知を図るものとする。第三条第五項の規定による公示を行う場合も、同様とする。

（変更の届出）

第七条　認定こども園（第三条第一項又は第三項の認定を受けた施設及び

3　前項の規定による申請書の提出があったときは、都道府県知事は、第三条第一項第二号に規定する保育の実施に対する需要の状況に照らし、当該保育所において児童福祉法第三十九条第一項に規定する幼児以外の満三歳以上の子どもに対する保育を引き続き行うことにより当該幼児の保育に支障が生じるおそれがあると認められる場合を除き、認定の有効期間を更新しなければならない。

（認定こども園に係る情報の提供等）

第六条　都道府県知事は、第三条第一項又は第二項の認定をしたときは、インターネットの利用、印刷物の配布その他適切な方法により、当該認定を受けた施設において提供されるサービスを利用しようとする者に対し、第四条第一項各号に掲げる事項及び教育保育概要（当該施設において行われる教育及び保育並びに子育て支援事業の概要をいう。次条第一項において同じ。）についてその周知を図るものとする。第三条第三項の規定による公示を行う場合も、同様とする。

2　認定こども園（第三条第一項又は第二項の認定を受けた施設及び同条第三項の規定による公示がされた施設をいう。以下同じ。）の設置者は、その建物又は敷地の公衆の見やすい場所に、当該施設が認定こども園である旨の表示をしなければならない。

（変更の届出）

第七条　認定こども園の設置者（都道府県を除く。次条及び第十条第一項

同条第五項の規定による公示がされた施設をいう。以下同じ。）の設置者（都道府県を除く。次条及び第十条第一項において同じ。）は、第四条第一項各号に掲げる事項及び教育保育概要として前条の規定により周知された事項の変更（文部科学省令・厚生労働省令で定める軽微な変更を除く。）をしようとするときは、あらかじめ、その旨を都道府県知事に届け出なければならない。

2　都道府県知事は、前項の規定による届出があったときは、前条に規定する方法により、同条に規定する者に対し、当該届出に係る事項についてその周知を図るものとする。都道府県が設置する認定こども園について同項に規定する変更を行う場合も、同様とする。

（認定の取消し）

第十条　都道府県知事は、次の各号のいずれかに該当するときは、認定こども園の認定を取り消すことができる。

一　第三条第一項又は第三項の認定を受けた認定こども園がそれぞれ同条第一項又は第三項の条例で定める要件を欠くに至ったと認めるとき。

（削除）

二　（略）

三　（略）

四　（略）

五　認定こども園の設置者が不正の手段により第三条第一項又は第三項

において同じ。）は、第四条第一項各号に掲げる事項及び教育保育概要として前条第一項の規定により周知された事項の変更（文部科学省令・厚生労働省令で定める軽微な変更を除く。）をしようとするときは、あらかじめ、その旨を都道府県知事に届け出なければならない。

2　都道府県知事は、前項の規定による届出があったときは、前条第一項に規定する方法により、同項に規定する者に対し、当該届出に係る事項についてその周知を図るものとする。都道府県が設置する認定こども園について前項に規定する変更を行う場合も、同様とする。

（認定の取消し）

第十条　都道府県知事は、次の各号のいずれかに該当するときは、認定こども園の認定を取り消すことができる。

一　第三条第一項又は第二項の認定を受けた認定こども園がそれぞれ同条第一項各号又は第二項各号に掲げる要件を欠くに至ったと認めるとき。

二　認定こども園の設置者が第六条第二項の規定による表示をしていないと認めるとき。

三　（略）

四　（略）

五　（略）

六　認定こども園の設置者が不正の手段により第三条第一項又は第二項

の認定を受けたとき。

六　（略）

2　（略）

3　都道府県知事は、当該都道府県が設置する認定こども園が第三条第一項又は第三項の条例で定める要件を欠くに至ったと認めるときは、同条第五項の規定によりされた公示を取り消し、その旨を公示しなければならない。

（関係機関の連携の確保）

第十一条　都道府県知事は、第三条第一項又は第三項の規定により認定を行おうとするとき及び前条第一項の規定により認定の取消しを行おうとするときは、あらかじめ、学校教育法又は児童福祉法の規定により当該認定又は取消しに係る施設の設置又は運営に関して認可その他の処分をする権限を有する地方公共団体の機関（当該機関が当該都道府県知事である場合を除く。）に協議しなければならない。

2　（略）

（児童福祉法等の特例）

第十三条　第三条第一項の認定を受けた市町村が設置する保育所又は同項の条例で定める要件に適合しているものとして同条第五項の規定による公示がされた都道府県が設置する保育所に係る児童福祉法第二十四条第三項の規定の適用については、同項中「すべて」とあるのは「すべて及び就学前の子どもに関する教育、保育等の総合的な提供の推進に関する

の認定を受けたとき。

七　（略）

2　（略）

3　都道府県知事は、当該都道府県が設置する認定こども園が第三条第一項各号又は第二項各号に掲げる要件を欠くに至ったと認めるときは、同条第三項の規定によりされた公示を取り消し、その旨を公示しなければならない。

（関係機関の連携の確保）

第十一条　都道府県知事は、第三条第一項又は第二項の規定により認定を行おうとするとき及び前条第一項の規定により認定の取消しを行おうとするときは、あらかじめ、学校教育法又は児童福祉法の規定により当該認定又は取消しに係る施設の設置又は運営に関して認可その他の処分をする権限を有する地方公共団体の機関（当該機関が当該都道府県知事である場合を除く。）に協議しなければならない。

2　（略）

（児童福祉法等の特例）

第十三条　第三条第一項の認定を受けた市町村が設置する保育所又は同項各号に掲げる要件に適合しているものとして同条第三項の規定による公示がされた都道府県が設置する保育所に係る児童福祉法第二十四条第三項の規定の適用については、同項中「すべて」とあるのは「すべて及び就学前の子どもに関する教育、保育等の総合的な提供の推進に関する法

法律（平成十八年法律第七十七号）第四条第一項第四号に掲げる数の同号に規定する子ども」と、「児童を」とあるのは「当該申込書に係る児童及び当該子どもを厚生労働省令の定めるところにより」とする。

2　私立認定保育所に係る児童福祉法の規定の適用については、次の表の上欄に掲げる同法の規定中同表の中欄に掲げる字句は、それぞれ同表の下欄に掲げる字句とする。

第二十四条第二項	市町村に提出しなければ	入所を希望する私立認定保育所（就学前の子どもに関する教育、保育等の総合的な提供の推進に関する法律（平成十八年法律第七十七号。以下「就学前保育等推進法」という。）第十条第一項第四号に規定する私立認定保育所をいう。以下同じ。）に提出するものとし、当該私立認定保育所はこれを市町村に送付しなければ
	（略）	（略）

3〜7　（略）

律（平成十八年法律第七十七号）第四条第一項第四号に掲げる数の同号に規定する子ども」と、「児童を」とあるのは「当該申込書に係る児童及び当該子どもを厚生労働省令の定めるところにより」とする。

2　私立認定保育所に係る児童福祉法の規定の適用については、次の表の上欄に掲げる同法の規定中同表の中欄に掲げる字句は、それぞれ同表の下欄に掲げる字句とする。

第二十四条第二項	市町村に提出しなければ	入所を希望する私立認定保育所（就学前の子どもに関する教育、保育等の総合的な提供の推進に関する法律（平成十八年法律第七十七号。以下「就学前保育等推進法」という。）第十条第一項第五号に規定する私立認定保育所をいう。以下同じ。）に提出するものとし、当該私立認定保育所はこれを市町村に送付しなければ
	（略）	（略）

3〜7　（略）

8　第二項の規定により読み替えられた児童福祉法第二十四条第二項の申込書に係る児童に対する母子及び寡婦福祉法（昭和三十九年法律第百二十九号）第二十八条及び児童虐待の防止等に関する法律（平成十二年法律第八十二号）第十三条の二第一項の規定の適用については、これらの規定中「市町村は、」とあるのは「就学前の子どもに関する教育、保育等の総合的な提供の推進に関する法律（平成十八年法律第七十七号）第十条第一項第四号に規定する私立認定保育所は、同法第十三条第二項の規定により読み替えられた」と、「保育所」とあるのは「当該私立認定保育所」とする。

8　第二項の規定により読み替えられた児童福祉法第二十四条第二項の申込書に係る児童に対する母子及び寡婦福祉法（昭和三十九年法律第百二十九号）第二十八条及び児童虐待の防止等に関する法律（平成十二年法律第八十二号）第十三条の二第一項の規定の適用については、これらの規定中「市町村は、」とあるのは「就学前の子どもに関する教育、保育等の総合的な提供の推進に関する法律（平成十八年法律第七十七号）第十条第一項第五号に規定する私立認定保育所は、同法第十三条第二項の規定により読み替えられた」と、「保育所」とあるのは「当該私立認定保育所」とする。

【著者紹介】

小田　豊（おだ　ゆたか）

広島大学教育学部教育専攻科修了
前国立特別支援教育総合研究所理事長，
現　在：聖徳大学児童学部児童学科教授
文部科学省視学委員，広島大学幼年教育研究施設客員研究員，
横浜創英大学学術顧問
主　著：新しい時代を拓く幼児教育学入門　東洋館出版
子どもの遊びの世界を知り，学び，考える　ひかりのくに
新 保育ライブラリ（全37巻監修）　北大路書房
幼児学用語集　北大路書房

幼保一体化の変遷

2014年3月31日　初版第1刷発行
2015年2月20日　初版第2刷発行

定価はカバーに表示してあります。

著　者　小　田　　豊

発行所　㈱北大路書房

〒603-8303　京都市北区紫野十二坊町12-8
電　話　(075) 431-0361㈹
FAX　(075) 431-9393
振　替　01050-4-2083

製作／ラインアート日向・華洲屋　印刷・製本／亜細亜印刷㈱
検印省略　落丁・乱丁本はお取り替えいたします。
ISBN978-4-7628-2855-3　Printed in Japan